时习文库

曾国藩家书

龙榆生 选注

齊鲁書社
·济南·

图书在版编目（CIP）数据

曾国藩家书 / 龙榆生选注. -- 济南 : 齐鲁书社, 2025. 5. -- ISBN 978-7-5333-5144-1

Ⅰ. K827=52

中国国家版本馆CIP数据核字第2025QG1707号

出 品 人：王　路
项目统筹：张　丽
责任编辑：许允龙
装帧设计：亓旭欣

曾国藩家书
ZENGGUOFAN JIASHU
龙榆生　选注

主管单位	山东出版传媒股份有限公司
出版发行	齊魯書社
社　　址	济南市市中区舜耕路517号
邮　　编	250003
网　　址	www.qlss.cn
电子邮箱	qilupress@126.com
营销中心	（0531）82098521　82098519　82098517
印　　刷	山东临沂新华印刷物流集团有限责任公司
开　　本	710mm × 1000mm　1/16
印　　张	11.75
插　　页	2
字　　数	93千
版　　次	2025年5月第1版
印　　次	2025年5月第1次印刷
标准书号	ISBN 978-7-5333-5144-1
定　　价	49.00元

《时习文库》
出版委员会

出版说明

文化乃国本所系，国运所依；文化兴盛则国家昌盛，民族强大。在源远流长的中华文化长河中，经典古籍宛如熠熠星辰，承载着先辈们的智慧、思想与情感，是中华民族精神内核的深厚积淀。

2017 年以来，中共中央办公厅、国务院办公厅相继出台《关于实施中华优秀传统文化传承发展工程的意见》及《关于推进新时代古籍工作的意见》等重要文件，有力推动了大众对中华优秀传统文化的关注与重视，古籍事业亦借此良好契机，迎来了前所未有的跨越发展，步入了一个崭新的黄金时代。齐鲁书社作为文化传承的重要阵地，始终秉持对中华优秀传统文化的敬畏之心，肩负守正创新之使命，积建社四十余年之精华，汇国内学界群贤之伟力，隆重推出中华经典名著普及丛书——《时习文库》。

“学而时习之，不亦说乎？”文库之名，正是源自《论语》的这句经典语录。“时习”不仅是对知识的反复学习与实践，更是一种对中华优秀传统文化持续探索、深入理解的态度。文库共分为文化类和文学类两大辑，囊括了经史子集、诗词歌赋、戏曲小说等诸多经典，旨在为读者搭建一座通往中国古代文化瑰宝的坚实桥梁。文库的编纂宗旨在于，引导读者在阅读经典著作的过程中，将学习与思考深度融合，不断从古人的智慧海洋中汲取营养，从而得到心灵的润泽与智慧的启迪。通过对经史子集、诗词歌赋、戏曲小说等多元内容的系统整理与精良审校，让中华古籍真正成为可亲、可读、可传的“活的文化”。

为了确保文库的品质，我们除升级广受好评的原有经典版本作为开发基础外，亦精选其他优质底本，以确保版本选择的卓越性；文库会聚文史学界权威，如高亨、陆侃如、王仲荦、来新夏等学界大家，群贤毕至，各方咸集；文库延聘名家成立专家委员会，严格把控丛书质量，确保学术水准；文库针对不同层次读者，精心设计文化类与文学类品种：前者左原文右译文下注释，后者文中加简注评析，实用性强；文库采用纸面布脊精装，正文小四号字，双色印刷，装帧精美，版面舒朗，典雅大方，方便易读。

在习近平文化思想指导下，《时习文库》的出版是对中华优秀传统文化“两创”“两个结合”的一次重要尝试。我们希望通过这套文库，让更多的人了解和喜爱中国古代典籍，让中华优秀传统文化在新时代焕发出新的生机与活力。同时，我们也期待广大读者在阅读文库的过程中，能够与古圣先贤进行跨越时空的对话，汲取智慧，启迪心灵，不断提升自我的文化素养和精神境界。让我们一起在经典的海洋中遨游，感受中华文化的博大精深，共同书写中华优秀传统文化传承与发展的新篇章。

齐鲁书社

2025 年 3 月

前　言

提到曾文正，我想，读过近代史的人，总该没有不知道他的大名的吧？他是一个文弱书生，却能做出一番轰轰烈烈的事业，把占有东南“半壁江山”的太平天国“荡平”了。这在民族的立场上来看，功罪虽然还待论定，可是他的坚毅不拔的精神、好学不倦的意志、高尚廉洁的人格、谦虚诚笃的态度、知人善任的器量，总不愧为近代一位伟大的人物，值得做青年们的模范！

他原名子城，字伯涵，号涤生，湖南湘乡人。文正是他死后，清廷赠给他的谥号。他的曾祖叫竟希，祖叫玉屏，父叫麟书，三代都是以农为业的。他生于嘉庆十六年（1811）十月十一日，死于同治十一年（1872）二月初四日，享年62岁。他在道光十八年（1838）就中了进士，做了十多年的京官，从翰林院检讨升到吏部左侍郎，中间除放了两次的考官，到过四川和江西做主考外，这十多年的生活，都消磨在北京城里。据郭嵩焘做的《曾文正公墓志》：

公始为翰林，穷极程朱性道之蕴，博考名物，熟精礼典，以为圣人经世宰物，纲维万事，无他，礼而已矣！浇风可使之醇，敝俗可使之兴，而其精微，具存于古圣贤之文章。故其为学，因文以证道。常言：“载道者身也，而致远者文，天地民物之大，典章制度之繁，惟文能达而传之，俛焉日有孳孳，以求信于心而当于古。”其平居抗心希古，以美教化、育人才为己任，而尤以知人名天下，一见能辨其才之高下，与其人贤否。满洲塔齐布公、新宁江公忠源、衡阳彭公玉麟、善化杨公岳斌，或从末弁及诸生，奖拔为名臣。其于左公宗棠，趣尚不同，而奇左公智术，以公义相取，左公亦以显名天下。片长薄技，受公一顾，争自琢磨砥砺，敦尚名节，在军必立事功，在官为循吏，曰：“吾不忍负曾公！”而公敛退虚抑，勤求己过，日夜忧危如不克胜。自初仕及当天下重任，始终一节，未尝有所宽假。及其临大敌，定大难，从容审顾，徐厝之安，一无疑惧。此公道德勋名，被于天下，施之万世，而其意量之闳深，终莫得而罄其用而窥其藏也！

我们读了他的家书和日记，就可以知道他的事功和学问都是由平日积累涵养而来的。郭嵩焘上面所说的一番话，并不是什么“溢美之辞”。

他从咸丰二年（1852）做江西正考官，丁母忧，回湘乡原籍。恰值太平军起，进攻湖南，围长沙，不克，移兵破武昌，连陷沿江郡县，江南大震。那时咸丰帝就叫他会同湖南巡抚办理本省团练。他的生活也就从此改变了。后来进驻衡州，造战舰，练水军，劝捐助饷。四年正月，督师东下，和太平军在岳州开始接战，吃了一次败仗。又在靖港交锋，接着又是大败，结果他跳水要图自尽，幸亏他的幕僚把他救起。可是，他经过了这接二连三的挫败，他的意志愈坚强了，他的部属杨岳斌、彭玉麟、塔齐布等，个个都给他出死力，以次收复湘潭、岳州、武昌、汉阳诸重镇。他的功业基础也就从此确立了。从这年起，直到同治三年（1864），十年之间，他总是过着军中生活，奔走于湖北、江西、安徽、江苏四省境内，天天调兵遣将，不遑宁居，结果把太平天国的首都——金陵攻破了，整个的太平天国也就被根本消灭了。清廷封他一等侯爵，在汉族人里面，可说是“旷代之荣”。他这时早已做到两江总督，他的部属都布满了重要位置，他不但不自骄矜，反而愈加谦抑了。后来他又奉命到山东，剿办“捻匪”，都由他的部属刘松山、刘铭传、李鸿章等次第削平。他拜了体仁阁大学士，仍留两江总督之任，又补武英殿大学士，调任直隶总督。末了他仍死于两江总督任内。临死的时候，他还是努力办公。这种毅然以天下自任、至死不懈的精神，真是值得我们佩服崇拜的啊！

他的生平事迹，著在《清史稿》，我们不暇备述。他的伟大事业能够成就的原因，说起来倒很平淡无奇。据说他平生“守之甚严，而持之有恒者”，只有这么两句话：一句是“不诳语”，一句是“不晏起”。这是多么平凡的两句话，但要履行到死，始终如一，也就不很容易呢。人家说他“不善将兵而善将将”，他在做京官的时候，便已留心人物。他一方面刻苦自励，一方面网罗人才，他的感化力真是叫人“不可思议”。据说他在军营里面，所有一材一艺的人物没有不兼容并蓄的。他每天没有天亮的时候便已起身，到了黎明，就传令所有的幕僚和他同进早餐。仿佛这是每个幕僚天天应尽的义务。他利用这个时间，和一班僚属们，上下古今，无所不谈，这一顿早餐，足足要吃一两小时之久，这是多么奇怪的一回事！在这七八十年来，中国的人才，无论在事功、学问、文章方面，差不多没有不受他这一顿早餐的影响的。他幕府里的人物，整个地支配了咸、同以后几十年的政治界和学术界。这种感化的力量，是何等的伟大啊！

他在他所做的《原才》里面，开首就是这么说："风俗之厚薄奚自乎？自乎一二人之心之所向而已。"这里所说的"一二人"，也就是所谓"以天下自任"的人。这一两个人，只要他自己真个是有坚韧不拔的精神、好学不倦的意志、高尚廉洁的人格、谦虚诚笃的态度、知人善任的器量，毅然挺身而出，给一般的知识分子做个好好的榜样，哪里有不受他感化的道理？中国之大，何患无才，只愁没有曾文正这样一个人物来做榜样吧！

我们知道曾文正一生的事业，都是通过脚踏实地、日积月累、磨炼涵养而做出来的。他并不是一个怎样超越的天才，更不是一个怎样神秘不可思议的人物。我们只要拿他来做个榜样，毅然把这个"天下兴亡"的重大责任扛在肩上，不断地、死心塌地地苦干，哪怕有怎样的恶劣环境，我们是终究可以把它战胜的。总括一句话，伟大的事业，是要我们脚踏实地去干的。这个成功的秘诀，就在一个"恒"字和一个"诚"字。这"恒"字就是不断努力的意思，这"诚"字就是不说谎话而已。

我们要对症下药，来训练一班最有希望的青年，把他们的品性弄好，那么在介绍这本书之先，就得把他的重要格言"不诳语"三个字，三番两次地郑重提出，希望读者们十二分地注意。

讲到曾文正的家书，通行的本子，共是八卷，都是写给他的祖父、父亲和兄弟们的。有的是谈家常琐事，有的是讲做人的道理，有的是论治学的方法。总括一句，他只是教他家里的人要立志做个有益于国家社会的人，所说的话，也都是曾经身体力行的老实话而已。

他是一个最喜欢写信的人，尤其是家信。他对于兄弟，也是常常勉励他们多多写信，并且要认真做事的。他在道光二十二年九月十八日，从北京寄给他在家里的四个老弟的信，就有这样的一段话：

> 此后写信来，诸弟各有专守之业，务须写明，且须详问极言，长篇累牍，使我读其手书即可知其志向识见。凡专一业之人，必有心得，亦必有疑义。诸弟有心得，可以教我共赏之；有疑义，可以问我共析之；且书信既详，则四千里外之兄弟不啻晤言一室，乐何如乎！

他是要利用写信来讨论学术和交换知识的。所以他对这件事，看得特别郑重。他又对他的老弟说：

> 嗣后我写诸弟信，总用此格纸，弟宜存留，每年装订成册，其中好处，万不可忽略看过。诸弟写信寄我，亦须用一色格纸，以便装订。

这些看来都是细枝末节，可是他那种做事认真、丝毫不苟的精神，便从这看似无关紧要的小事上充分表现出来。他对于诸弟的信笔偶疏，总是加以严重的责备。在道光二十五年二月初一日的信上说：

> 诸弟写信，总云仓忙。……若弟等仓忙，则兄之仓忙殆过十倍，将终岁无一字寄家矣。

一个人总有几分怠性，遇事推说仓忙，这就叫作“欺心”，这就叫作“诳语”。家信都懒得写，哪里能够养成刻苦勤奋的精神？我们看了他这些告诫诸弟的语言，应该是怎样的痛自责备才好啊！

在他的家书里，差不多句句都是“药石之言”，处处可以看出他“律己之严”，处处可以看出他“待人之厚”，这就是所谓儒者的真精神，也就是我们先圣先贤遗留下来的固有美德。青年们把他的话来做个立身处世的指南针，是不特有益于个人，而且是大可造福于国家社会的。

这个选本，共收他的家信59封，还不到全部的十分之一。可是对于治学的方法和做人的道理，大致也差不多了。他对于学问方面，只是提出一个“专”字和一个“恒”字。他做京官时，交结了许多益友，增长了不少的见识。他这个“专”字的秘诀，也是从他的朋友吴子序那里得来的。他在道光二十二年九月十八日的信上就曾引子序的话：

> 用功譬若掘井，与其多掘数井皆不及泉，何若老守一井，力求及泉而用之不竭乎？

他既感觉上面的话，切中自己的毛病，于是一方面定出“刚日读经、柔日读史之法”以自督励；一方面切嘱他的弟弟“总须力图专业”，“万不可以兼营并骛”。他的读书方法是极笨的，一本书从头到尾，都要用朱笔点过，写字也是要认真的。在现在的青年看起来，一定会说：一个人哪里有这样的充分时间去做这种笨事呢？说到这里，我要再来补充几句。在他做京官的时候，固然不见得是怎样的忙，可是他平日都是“事无巨细，必躬必亲”的。在普通的人看起来，哪里还会有从容点书的余暇？他却不但在做京官的时候老是这样办，就是到了后来，他在兵营里“军书旁午”的时候，也还是天天要写他的字，读他的书。可见得用一个“忙”字来搪塞自己不用功的罪过，是不中用的人干的事。一个人太聪明了，往往把他的时间，用在不当用的事物上面去，这是社会上的一桩重大损失啊！

他在同年十二月二十日的信上，又有这样一段话：

盖士人读书，第一要有志，第二要有识，第三要有恒。有志则断不甘为下流；有识则知学问无尽，不敢以一得自足；如河伯之观海，如井蛙之窥天，皆无识者也；有恒则断无不成之事。此三者，缺一不可。

他把这个“恒”字，认定是“成功之母”。又在道光二十四年十一月二十一日给他四个老弟的信上说：

欲别立课程，多讲规条，使诸弟遵而行之，又恐诸弟习见而生厌心；欲默默而不言，又非长兄督责之道。是以往年常示诸弟以课程，近来则只教以“有恒”二字。所望于诸弟者，但将诸弟每月功课写明告我，则我心大慰矣。

他一方面督责诸弟，一方面督责自己。他说：

兄往年极无恒，近年略好，而犹未纯熟。自七月初一起至今，则无一日间断，每日临帖百字，抄书百字，看书少亦须满二十页，多则不论。自七月起至今，已看过《王荆公文集》百卷、《归震川文集》四十卷、《诗经大全》二十卷、《后汉书》百卷，皆朱笔加圈批。虽极忙，亦须了本日功课，不以昨日耽搁而今日补做，不以明日有事而今日预做。

像这样“不激不徐”，天天如是地用功下去，一来可以养成有规律的生活，二来可以锻炼不懈怠的精神，并不是叫人读死书而已。

他教人读书的方法，除了这个“专”字和“恒”字外，其次就是要“虚心”。他在道光二十四年十月二十一日的信上说：

故吾人用功，力除傲气，力戒自满，毋为人所冷笑，乃有进步也。

“傲气”和“自满”固然是“进德修业”的障碍，但是一个人“妄自菲薄”，也是要不得的。所以他在道光二十二年十月二十六日的信上说：

君子之立志也，有“民胞物与”之量，有“内圣外王”之业，而后不忝于父母之所生，不愧为天地之完人。故其为忧也，以不如舜、不如周公为忧也，以德不修、学不讲为忧也。是故顽民梗化则忧之，蛮夷猾夏则忧之，小人在位、贤才否闭则忧之，匹夫匹妇不被己泽则忧之，所谓悲天命而悯人穷，此君子之所忧也。若夫一身之屈伸，一家之饥饱，世俗之荣辱、得失、贵贱、毁誉，君子固不暇忧及也。

他在道光二十四年九月十九日的信上又说：

人苟能自立志，则圣贤豪杰，何事不可为？何必借助于人？“我欲仁，斯仁至矣。”我欲为孔、孟，则日夜孜孜，惟孔、孟之是学，人谁得而御我哉？

像这种不凡的抱负，是有得于宋代大儒陆象山先生之学而来的。他教人求学的宗旨和方法，虽千言万语，都不外乎上面所述的一套话，只在于我们能够脚踏实地，去不断地努力而已。

至于他教人做人的道理，一则曰“慎独”，二则曰“求缺”。所谓“慎独”的意义，就是“诚意”工夫。他举倭艮峰为例，在道光二十二年十月二十六日的信上说：

倭艮峰先生则诚意工夫极严，每日有日课册，一日之中，一念之差，一事之失，一言一默，皆笔之于书。书皆楷字，三月则订一本。自乙未年起，今三十本矣。盖其慎独之严，虽妄念偶动，必即时克治而著之于书，故所读之书，句句皆切身之要药。

这种“慎独”的工夫，就是要求“寡过”，也就是要求“仰不愧于天，俯不怍于人”。人们假使自问确实无愧于心，那就无论遇着怎样险恶的环境，怎样困难的问题，都可以仗着大无畏的精神，想方法去从容解决。所谓“求缺”的意思，是希望我们对于各种事物，不要做到尽头。他在道光二十四年三月初十日的信上说：

兄尝观《易》之道，察盈虚消息之理，而知人不可无缺陷也。日中则昃，月盈则亏，天有孤虚，地阙东南，未有常全而不缺者。……众人常缺而一人常全，天道屈伸之故，岂若是不公乎？……故兄但求缺陷，名所居曰“求缺斋”。

凡事留些余地，确是做人的大道理，也都是从人生经验上得来的。总之，在他的家书里面，句句都是切身的老实话，处处都表现他的诚笃态度和一贯的精神，看似平淡无奇，做去却受用不尽。

其他关于一切家常琐屑，把它拓展开来看，都有它的重要意义。最后，我要贡献给读者们的一句话是，凡要立志做大事业的人，须得先从小事认真做起，而他的“不诳语”“不晏起”六个字，尤其是救时良药，值得青年们时时刻刻放在心上。

目录

CONTENTS

曾国藩家书

道光二十一年辛丑四月十七日

祖父大人万福金安：

四月十一日由折差发第六号家信，十六日折弁[①]又到。孙男等平安如常，孙妇亦起居维慎。曾孙数日内添吃粥一顿，因母乳日少，饭食难喂，每日两饭一粥。

今年散馆[②]，湖南三人皆留，全单内共留五十二人，仅三人改部属，三人改知县，翰林衙门现已多至百四五十人，可谓极盛。琦善[③]已于十四日押解到京，奉上谕派亲王三人、郡王一人、军机大臣、大学士、六部尚书会同审讯，现未定案。梅霖生同年因去岁咳嗽未愈，日内颇患咯血。同乡各京官宅皆如故。

澄侯弟三月初四在县城发信，已经收到。正月二十五信至今未接。兰姊以何时分娩？是男是女？伏望下次示知。

楚善八叔事，不知去冬是何光景。如绝无解危之处，则二伯祖母将穷迫难堪，竟希公之后人将见笑于乡里矣！孙国藩去冬已写信求东阳叔祖兄弟，不知有补益否？此事全求祖父大人作主，如能救焚拯溺，何难嘘枯回生[④]。伏念祖父平日积德累仁，救难济急，孙所知者已难指数。如廖品一之孤、上莲叔之妻、彭定五之子、福益叔祖之母，及小罗巷、樟树堂各庵，皆代为筹画，曲加矜恤[⑤]。凡他人所束手无策、计无复之者，得祖父善为调停，旋乾转坤，无不立即解危，而况楚善八叔同胞之亲、万难之时乎？孙因念及家事，四千里外杳无消息，不知同堂诸叔目前光景，又念家中此时亦甚艰窘，辄敢冒昧饶舌，伏求祖父大人宽宥无知之罪。楚善叔事，如有说法之处，望详细寄信来京。

兹逢折便，敬禀一二。即跪叩祖母大人万福金安。

注释

❶折弁：与上文“折差”同义，指为官员服务的邮差。

❷散馆：指明清时期翰林院庶吉士经过一定年限的学习后举行的甄别考试。

❸琦善：满族人。鸦片战争时，代林则徐督粤，悉反所为，坐夺职，屡黜屡起，官至大学士，卒谥“文勤”。

❹嘘枯回生：《三国志》裴松之注载，郑泰谓“孔公绪能清谈高论，嘘枯吹生”。言其能荣枯生死也。

❺矜恤：指怜悯抚恤。

道光二十一年五月十八日

男国藩跪禀父亲大人万福金安：

自闰三月十四日在都门拜送父亲，嗣后共接家信五封：十五日接四弟在涟滨所发信，系第二号，始知正月信已失矣；二十二日接父亲在二十里铺发信；四月二十八日巳刻接在汉口寄曹颖生家信；申刻又接在汴梁寄信；五月十五接父亲到长沙发信，内有四弟信、六弟文章五首。诸悉祖父母大人康强，家中老幼平安，诸弟读书发奋，并喜父亲出京一路顺畅，自京至省，仅三十余日，真极神速。

男于闰月十六发第五号家信，四月十一发六号，十七发七号，不知家中均收到否？

迩际[①]男身体如常，每夜早眠，起亦渐早。惟不耐久思，思多则头昏，故常冥心于无用，优游涵养，以谨守父亲保身之训。

九弟功课有常，《礼记》九本已点完，《鉴》[②]已看至三国，《斯文精萃》诗、文各已读半本，诗略进功，文章未进功，男亦不求速效，观其领悟，已有心得，大约手不从心耳。甲三于四月下旬能行走，不须扶持，尚未能言，无乳可食，每日一粥两饭，冢妇[③]身体亦好，已有“梦熊”[④]之喜。婢仆皆如故。

今年新进士龙翰臣[⑤]得状元，系前任湘乡知县见田年伯之世兄。同乡六人得四庶常[⑥]、两知县。覆试单已于闰三月十六付回，兹又付呈殿试朝考全单。同乡京官如故。郑莘田给谏服阕[⑦]来京。梅霖生病势沉重，深为可虑。黎樾乔老前辈处，父亲未去辞行，男已道达此意。广东之事，四月十八得捷音，兹将抄报付回。

男等在京，自知谨慎，堂上各老人不必挂怀。家中事，兰姊去年生育是男是女？楚善事如何成就？伏望示知。

男谨禀。即请母亲大人万福金安。

注释

❶迩际：近来。

❷《鉴》：指《资治通鉴》。

❸冢：zhǒng。冢妇，长子妇也。

❹梦熊：《诗经》："维熊维罴，男子之祥。"言梦见熊者，盖生男之兆也。

❺龙翰臣：名启瑞，翰臣其号也。广西临桂人，道光进士，由修撰官至江西布政使，有《经德堂文内外集》。

❻庶常：明太祖采《周书》"庶常吉士"之义，置庶常吉士，永乐中隶翰林院。清设庶常馆，三年试其优劣而授职，谓之散馆。

❼服阕：指守丧期满除服。

道光二十一年八月十七日

男国藩跪禀父母亲大人万福金安：

八月初三日，男发家信第十一号，信甚长，不审已收到否？十四日接家信，内有父亲、叔父，并丹阁叔信各一件，得悉丹阁叔入泮[①]，且堂上各大人康健，不胜欣幸。

男于八月初六日移寓绳匠胡同北头路东，屋甚好，共十八间，每月房租京钱[②]二十千文。前在棉花胡同，房甚逼仄[③]此时房屋爽垲[④]，气象轩敞。男与九弟言，恨不能接堂上各大人来京住此。

男身体平安。九弟亦如常，前不过小恙，两日即愈，未服补剂。甲三自病体复元后，日见肥胖，每日欢呼趋走，精神不倦。家妇亦如恒。九弟《礼记》读完，现读《周礼》。

心斋兄于八月十六日，男向渠[⑤]借钱四十千，付至家用。渠允于到湘乡时，送银二十八两，交勤七叔处转交男家，且言万不致误。男订待渠到京日偿还其银，若到家中，不必还他。又男寄有冬菜一篓、朱尧阶寿屏一付在心斋处；冬菜托交勤七叔送至家，寿屏托交朱啸山转寄香海处，月内准有信去。王睢园处去冬有信去，至今无回信，殊不可解。

颜字不宜写白折[⑥]。男拟改临褚、柳[⑦]。去年跪托叔父大人之事，承已代觅一具，感戴之至，泥首[⑧]万拜。若得再觅得一具，即于今冬明春办就更妙。敬谢叔父，另有信一函。在京一切，自知谨慎。

男跪禀

注释

❶入泮：谓童子初入学为员生，即清时之秀才也。

❷京钱：一千抵制钱一百文。

❸逼仄：狭窄。

❹垲：kǎi。爽垲，高燥也。

❺渠：他。

❻白折：指科举考试中的一种字体。

❼褚、柳：褚遂良、柳公权。

❽泥首：顿首至地。

道光二十一年九月十五日

男国藩跪禀父母亲大人万福金安：

八月十四接家信三件，内系得父亲信一，叔父信一，丹阁叔信一。十八日男发家信第十二号，不知已收到否？

男等在京身体平安。甲三母子如常。惟九弟迫思南归，不解何故。自九月初间即言欲归，男始闻骇异，再四就询，终不明言。不知男何处不友[①]，遂尔开罪于弟，使弟不愿同居。男劝其明白陈辞，万不可蕴藏于心，稍生猜疑。如男有不是，弟宜正容责之，婉言导之，使男改过自赎。再三劝谕，弟终无一言。如男全无过愆[②]，弟愿归侍定省，亦宜写信先告知父亲，待回信到时，家中谕令南归，然后择伴束装，尚未为晚。男因弟归志已决，百计阻留，劝其多住四十天，而弟仍不愿，欲与彭山屺[③]同归。彭会试罢屈，拟九月底南旋，现在尚少途费，待渠家寄银来京。男目下已告匮，九弟若归，途费甚难措办。

英夷在浙江滋扰日甚，河南水灾，豫、楚一路，饥民甚多，行旅大有戒心。胡咏芝前辈扶榇南归[④]，行李家眷，雇一大船，颇挟重资，闻昨已被抢劫，言之可惨。九弟年少无知，又无大帮作伴，又无健仆，又无途费充裕，又值道上不甚恬谧之际，兼此数者，男所以大不放心，万万不令弟归，即家中闻之，亦万万放心不下。男现在苦留九弟在此，弟若婉从，则读书如故，半月内男又有禀呈。弟若执拗[⑤]不从，则男当责以大义，必不令其独行。自从闰三月以来，弟未尝片语违忤，男亦从未加以词色，兄弟极为湛乐[6]，兹忽欲归，男寝馈[7]难安，展转思维，不解何故，男万难辞咎。父亲寄谕来京，先责男教书不尽职，待弟不友爱之罪，后责弟少年无知之罪，弟当幡然改悟。男教训不先，鞠爱[8]不切，不胜战栗待罪之至。伏望父母亲俯赐惩责，俾知悛悔[9]遵守，断不敢怙过饰非[10]，致兄弟仍稍有嫌隙。男谨禀告家中，望无使外人闻知，疑男兄弟不睦，盖九弟不过坚执，实无丝毫怨男也。

男谨禀

注释

❶不友：善兄弟曰友。《诗经》："侯谁在矣，张仲孝友。"不友，言兄弟不睦也。

❷过愆：过失、错误。

❸屺：qǐ。

❹胡咏芝：名林翼，湖南益阳人，咏芝其号也。由编修官至湖北巡抚。卒谥"文忠"。与曾国藩并称"曾胡"。榇：chèn，木名。《左传》："大夫衰绖，士舆榇。"棺也。

❺拗：niù。

❻湛乐：快乐。

❼寝馈：睡眠与饮食。

❽鞠爱：关爱。

❾悛悔：悔改、悔悟。

❿怙过饰非：掩盖错误、文过饰非。

道光二十一年十月十九日

男国藩跪禀父母亲大人万福金安：

十月十七日接奉在县城所发手谕，知家中老幼安吉，各亲戚家并皆如常。七月二十五由黄恕皆处寄信，八月十三日由县附信寄折差，皆未收到。

男于八月初三发第十一号家信，十八发第十二号，九月十六发第十三号，不知皆收到否？

男在京身体平安，近因体气日强，每天发奋用功，早起温经，早饭后读“二十三史”，下半日阅诗、古文。每日共可看书八十页，皆过笔圈点，若有耽搁[1]，则止看一半。

九弟体好如常，但不甚读书。前八月下旬迫切思归，男再四劝慰，询其何故，九弟终不明言，惟不读书，不肯在上房共饭。男因就弟房二人同食，男妇独在上房饭，九月一月皆如此。弟待男恭敬如常，待男妇和易如常，男夫妇相待亦如常。但不解其思归之故。男告弟云“凡兄弟有不是处，必须明言，万不可蓄疑于心。如我有不是，弟当明争婉讽。我若不听，弟当写信禀告堂上。今欲一人独归，浪用途费，错过光阴，道路艰险，尔又年少无知，祖父母、父母闻之，必且食不甘味，寝不安枕，我又安能放心？是万万不可也”等语。又写书一封，详言不可归之故，共二千余字，又作诗一首示弟。弟微有悔意，而尚不读书。十月初九，男及弟等恭庆寿辰。十一日，男三十初度，弟具酒食，肃衣冠，为男祝贺。嗣是复在上房四人共饭，和好无猜。

昨接父亲手谕，中有示荃男一纸，言“境遇难得，光阴不再”等语，弟始愧悔读书。男教弟千万言，而弟不听，父亲教弟数言，而弟遽惶恐改悟，是知非弟之咎，乃男不能友爱，不克修德化导之罪也。伏求更赐手谕，责男之罪，俾男得率教②改过。幸甚！

男妇身体如常。孙男日见结实，皮色较前稍黑，尚不解语。男自六月接管会馆公项，每月收房租大钱十五千文，此项例听经管支用，俟交卸③时算出，不算利钱。男除用此项外，每月仅用银十一二两，若稍省俭，明年尚可不借钱，比家中用度较奢华，祖父母、父母不必悬念④。男本月可补国史馆协修官，此轮次挨派者。

英夷之事，九月十七大胜，在福建、台湾生擒夷人一百三十三名，斩首三十二名，大快人心！

许吉斋师放甘肃知府，同乡何宅尽室南归，余俱如故。同乡京官现仅十余人。敬呈近事，余容续禀。

男谨禀

注释

❶耽：过乐也。耽搁，犹延滞也。

❷率教：遵从教导。

❸卸：解脱也。不任其事亦曰卸。

❹悬念：挂念。

道光二十一年十一月十九日

孙男国藩、国荃[①]跪禀祖父母大人万福金安：

十一月初二日，孙发家信第十五号，外小鞋四双，由宝庆武举唐君带至湘乡县城罗宅，大约新正可到。

十五日戌刻，孙妇产生一女。是日孙妇饮食起居如常，更初始作势，二更即达生，极为平安。寓中所雇仆妇，因其刁悍，已于先两日遣去，亦未请稳婆[②]，其断脐、洗三诸事，皆孙妇亲自经手。

曾孙甲三于初十日伤风，十七日大愈，现已复元，系郑小珊医治。孙等在京，身体如常。同乡李碧峰在京，孙怜其穷苦无依，接在宅内居住，新年可代伊找馆[③]也。

谨禀

注释

❶国荃：字沅甫，一字子植，即九弟。以“优贡”募湘勇，转战吉安等处，进克金陵，以功封威毅伯，官至两江总督，卒谥“忠襄”。

❷稳婆：如今之助产妇。

❸找：补不足也。又有觅意。找馆，即觅私塾教师。

道光二十一年十二月二十一日

男国藩跪禀父母亲大人万福金安：

十一月十八男有信寄呈，写十五日生女事，不知到否？昨十二月十七日奉到手谕，知家中百凡[①]顺遂，不胜欣幸。

男等在京，身体平安，孙男孙女皆好。现在共用四人，荆七专抱孙男，以春梅事多，不能兼顾也。

孙男每日清早与男同起，即送出外，夜始接归上房。孙女满月，有客一席。九弟读书，近有李碧峰同居，较有乐趣。男精神不甚好，不能勤教，亦不督责，每日兄弟语笑欢娱，萧然[②]自乐，而九弟似有进境。兹将昨日课文原稿呈上。

男今年过年，除用去会馆房租六十千外，又借银五十两。前日冀望外间或有炭资[③]之赠，今冬乃绝无此项。闻今年家中可尽完旧债，是男在外有负累，而家无负累，此最可喜之事。岱云则南北负累，时常忧贫，然其人忠信笃敬，见信于人，亦无窘迫之时。

同乡京官俞岱青先生告假，拟明年春初出京，男有干鹿肉托渠带回。杜兰溪、周华甫皆拟送家眷出京。岱云约男同送家眷，男不肯送，渠谋亦中止。

彭山屺出京，男为代借五十金，昨已如数付来。心斋临行时，约送银二十八两至勤七叔处转交我家，不知能践言[④]否？

嗣后家中信来，四弟、六弟各写数行，能写长信更好。

男谨禀

注释

❶百凡：指一切。

❷萧然：洒脱悠闲。

❸炭资：外官与京官有年世等谊者，年终或馈送若干，名曰炭资。

❹践言：履行自己所说的话。

道光二十二年正月初七日

男国藩、荃跪禀父亲大人万福金安：

去年十二月二十一日发平安信第十七号，内呈家中信六件，寄外人信九件，不知已收到否？

男与九弟身体清吉，冢妇亦平安。孙男甲三体好，每日吃粥两顿，不吃零星饮食，去冬已能讲话。孙女亦体好，乳食最多。合寓顺适。

今年新正，景象阳和，较去年正月甚为暖烘。

兹因俞岱青先生南回，付鹿脯一方，以为堂上大人甘旨之需；鹿肉恐难寄远，故熏腊附回。此间现熏有腊肉、猪舌、猪心、腊鱼之类，与家中无异。如有便附物来京，望附茶叶、大布而已，茶叶须托朱尧阶清明时在永丰买，则其价亦廉，茶叶亦好。家中之布，附至此间，为用甚大，但家中费用窘迫，无钱办此耳。

同县李碧峰苦不堪言，男代为张罗，已觅得馆，每月学俸银三两。在男处将住三月，所费无几，而彼则感激难名。馆地现尚未定，大约可成。

在京一切自知谨慎。即请父母亲大人万福金安。

道光二十二年四月二十七日

孙男国藩跪禀祖父母大人万福金安：

三月十一日发家信第四号，四月初十、二十三发第五、第六号。后两号皆寄省城陈家，因寄有银、参、笔帖等物，待诸弟晋省时当面去接。

四月二十一日接壬寅第二号家信，内祖父、父亲、叔父手书各一，两弟信并诗文俱收。伏读祖父手谕，字迹与早年相同，知精神较健。家中老幼平安，不胜欣幸！游子在外，最重惟“平安”二字。

承叔父代办寿具[①]，兄弟感恩，何以图报？湘潭带漆，必须多带。此物难辨真假，不可邀人去同买，反有奸弊[②]。在省考试时，与朋友问看漆之法，多问则必能知一二。若临买时，向纸行邀人同去，则必吃亏。如不知看漆之法，则今年不必买太多，待明年讲究[③]熟悉再买不迟。今年漆新寿具之时，祖父母寿具必须加漆，以后每年加漆一次。四具同加，约计每年漆钱多少，写信来京，孙付至省城甚易，此事万不可从俭。子孙所为报恩之处，惟此最为切实，其余皆虚文也。孙意总以厚漆为主，由一层以加至数十层，愈厚愈坚，不必多用瓷灰、夏布等物，恐其与漆不相胶粘，历久而脱壳也。然此事孙未尝经历讲究，不知如何而后尽善。家中如何办法，望四弟详细写信告知，更望叔父教训诸弟，经理家事。

心斋兄去年临行时，言到县即送银二十八两至我家。孙因十叔所代之钱，恐家中年底难办，故向心斋通挪[4]，因渠曾挪过孙的。今渠既未送来，则不必向渠借也。家中目下敷用不缺，此孙所第一放心者。孙在京已借银二百两，此地通挪甚易，故不甚窘迫，恐不能顾家耳。

曾孙兄妹二人体甚好，四月二十三日已种牛痘。

牛痘万无一失，系广东京官设局济活[5]，贫家婴儿不取一钱。兹附回种法一张，敬呈慈览。湘潭、长沙皆有牛痘公局，可惜乡间无人知之。

英夷去年攻占浙江宁波府及定海、镇海两县，今年退出宁波，攻占乍浦，极可痛恨！京城人心安静如无事时，想不日可殄[6]灭也。

孙谨禀

注释

❶寿具：指老人生前备下的棺材。

❷奸弊：欺诈蒙骗。

❸讲究：指研究。

❹通挪：通融挪借。

❺济活：救活。

❻殄：tiǎn，犹尽也。

道光二十二年八月初一日

孙男国藩跪禀祖父母大人万福金安：

七月初五日发第九号信，内言六月二十四后孙与岱云意欲送家眷回南，至七月初一谋之于神，乃决计不送。

初五日发信后，至初八日，九弟仍思南归，其意甚坚，不可挽回，与孙商量，孙即不复劝阻。九弟自从去年四月父亲归时，即有思归之意，至九月间，则归心似箭，孙苦苦细问，终不明言其所以然。年少无知，大抵厌常而喜新，未到京则想京，既到京则思家，在所不免。又家中仆婢，或对孙则恭敬，对弟则简慢[①]，亦在所不免。孙于去年决不许他归，严责曲劝，千言万语，弟亦深以为然。几及两月，乃决计不归。今年正月病中又思归，孙即不敢复留矣。三月复元后，弟又自言不归，四、五、六月读书习字一切如常。至六月底，因孙有送家眷之说，而弟之归兴又发。孙见其意，是为远离膝下，思归尽服事之劳。且逆夷滋扰，外间讹言可畏，虽明知蕞尔[②]螳臂，不足以当车辙，而九弟既非在外服官，即宜在家承欢，非同有职位者闻警而告假，使人笑其无胆，骂其无义也。且归心既动，若强留在此，则心如悬旌[③]，不能读书，徒费时日。兼此数层，故孙即定计，打发他回，不复禁阻。

恰好郑莘田先生名世任，长沙人，癸酉拔贡，小京官，由御史升给事中，现放贵西兵备道。将去贵州上任，迂道走湖南省城，定于十六日起程，孙即将九弟托他，结伴同行。此系初八九起议，十四始决计，即于数日内，将一切货物办齐，十五日雇车。郑宅大车七辆，渠已于十三日雇定。九弟雇轿车一辆，价钱二十七千文。时价轿车本只要二十三千，孙见车店内有顶好官车一辆，牲口亦极好，其车较常车大二寸，深一尺，坐者最舒服，故情愿多出大钱四千。恐九弟在道上受热生病。雇底下人名向泽，其人新来，未知好歹，观其光景，似尚有良心者。昨九弟出京，七日在任丘县寄信来京，云向泽伺候甚好。

十六日未刻出京，孙送至城外二十里，见道上有积潦甚多，孙大不放心，恐路上有翻车陷车等事，深为懊悔。二十三日接到弟在途中所发信，始稍放心。

兹将九弟原信附呈。

孙交九弟途费纹银三十二两整，先日交车行上脚大钱十三千五百文，及上车现钱六千文两项在外。外买货物及送人东西另开一单。九弟带回。外封银十两，敬奉堂上六位老人吃肉之资。孙对九弟云：万一少途费，即扯此银亦可，若到家后，断不可以他事借用此银，然途费亦断不至少也。向泽订工费大钱二千文，已在京交楚。郑家与九弟在长沙分队，孙嘱其在省换小船到县，向泽即在县城开销他。向泽意欲送至家，如果到家，留住几日打发，求祖父随时斟酌。

九弟自到京后，去年上半年用功甚好，六月因甲三病耽搁半月余，九月，弟欲归不肯读书，耽搁两月，今春弟病耽搁两月，其余工夫或作或辍，虽多间断，亦有长进。计此一年半之中，惟书法进功最大。外此则看《纲鉴》三十六本，读《礼记》四本，读《周礼》一本，读《斯文精萃》两本半，因《周礼》读不熟，故换读《精萃》。作文六十余篇，读文三十余首。

父亲出京后，孙未尝按期改文，未尝讲书，未能按期点诗文，此孙之过，无所逃罪者也；读文作文全不用心，凡事无恒，屡责不改，此九弟之过也。好与弟谈伦常，讲品行，使之扩见识，立远志，目前已颇识为学之次第，将来有路可循。此孙堪对祖父者也。待兄甚敬，待侄辈甚慈，循规蹈矩，一切匪彝慆淫④之事，毫不敢近，举止大方，性情挚厚，此弟之好处也。弟有最坏之处，在于不知艰苦，年纪本轻，又未尝辛苦，宜其不知，再过几年，应该知道。

九弟约计可于九月半到家，孙恐家中骇异，疑兄弟或有嫌隙，致生忧虑，故将在京出京情形，述其梗概，至琐细之故，九弟到家详述，使堂上大人知孙兄弟绝无纤介之隙也。

孙身体如常，惟常耳鸣，不解何故。孙妇及曾孙兄妹二人皆好。丫鬟因其年已长，其人大蠢，已与媒婆兑换一个，京城有官媒婆，凡买妾买婢皆由他经纪。彼此不找一钱。此婢名双喜，天津人，年十三岁，貌比春梅更陋，而略聪明。寓中男仆皆如故。

同县谢果堂先生为其子捐盐大使，王道隆王恒信之侄。捐府经历，黄鉴之子捐典史，以外无人。孙在京一切自宜谨慎，伏望堂上大人放心。

孙谨禀

注释

❶简慢：轻忽怠慢。

❷蕞尔：小貌。言螳臂之小，不足以当车辙之重也。

❸悬旌：悬挂的旌旗。

❹匪彝慆淫：违背典常，放纵无度也。《尚书》："无从匪彝，无即慆淫。"

道光二十二年九月十七日

孙男国藩跪禀祖父母大人万福金安：

九月十三日接到家信，系七月父亲在省所发，内有叔父信及欧阳牧云致函，知祖母于七月初三日因占犯致恙，不药而愈，可胜欣幸！

高丽参足以补气，然身上稍有寒热，服之便不相宜，以后务须斟酌用之。若微觉感冒，即忌用此物。平日康强时，和入丸药内服最好。然此时家中想已无多，不知可供明年一单丸药之用否？若其不足，须写信来京，以便觅便寄回。

四弟、六弟考试又不得志，颇难为怀，然大器晚成，堂上不必以此置虑。闻六弟将有梦熊之喜，幸甚！近叔父为婶母之病劳苦忧郁，有怀莫宣，今六弟一索得男，则叔父含饴弄孙[①]，瓜瓞日蕃[②]，其乐何如！唐镜海先生德望为京城第一，其令嗣极孝，亦系兄子承继者，先生今年六十五岁，得生一子，人皆以为盛德之报。

英夷在江南，抚局已定。盖金陵为南北咽喉，逆夷既以扼吭[③]而据要害，不得不权为和戎[④]之策，以安民而息兵。去年逆夷在广东曾经就抚，共费去六百万两，此次之费，外间有言二千一百万者。又有言此项皆劝绅民捐输，不动帑藏[⑤]，皆不知的否。现在夷船已全数出海，各处防海之兵陆续撤回，天津亦已撤退。议抚之使系伊里布、耆英及两江总督牛鉴三人[⑥]。牛鉴有失地之罪，故抚局成后即革职拿问。伊里布去广东代奕山[⑦]为将军，耆英为两江总督。

自英夷滋扰，已历二年，将不知兵，兵不用命，于国威不无少损。然此次议抚，实出于不得已，但使夷人从此永不犯边，四海宴然安堵[8]，则以大事小，乐天之道，孰不以为上策哉？

孙身体如常，孙妇及曾孙兄妹并皆平安。同县黄晓潭鉴。荐一老妈吴姓来。渠在湘乡苦请他来，而其妻凌虐婢仆，百般惨酷，黄求孙代为开脱。

孙接至家住一月，转荐至方夔卿太守宗钧。处，托其带回湖南，大约明春可到湘乡。

今年进学之人，孙见《题名录》，仅认识彭惠田一人，不知二十三四都进人否？谢宽仁、吴光煦取一等，皆少年可慕。一等第一《题名录》刻黄生平，不知即黄星平否？

孙每接家信，常嫌其不详，以后务求详明，虽乡间田宅婚嫁之事，不妨写出，使游子如神在里门[9]。各族戚家，尤须一一示知，幸甚！敬请祖父母大人万福金安。余容后呈。

孙谨禀

注释

❶饴：甘之甚者曰饴。《后汉书》马太后诏曰："吾但当含饴弄孙，不能复关政矣。"

❷瓞：dié，瓜之小者。《诗经》："绵绵瓜瓞。"言瓜之自小而大，日趋繁殖，喻子孙众多也。

❸扼吭：比喻控制了要害部位。

❹和戎：与敌对国讲和休兵。

❺帑：tǎng。帑藏，储货物之地。

❻伊里布：满洲镶黄旗人，鸦片战争时为钦差大臣，与英议和于江宁，为中

国外交失败之始。官至广州将军，卒谥“文敏”。耆英：满洲正蓝旗人，鸦片议和订五口通商及割让香港之约。官至两广总督、文渊阁大学士。英法军入天津，赴津议和未成，擅回京，赐自尽。牛鉴：甘肃武威人，累官两江总督。英人入吴淞，陷宝山及镇江等处，坐革职治罪。

❼奕山：清宗室，满洲镶蓝旗人。禁烟事起，以靖逆将军赴粤攻剿，英犯广东，许给烟价六百万，并割香港，诡以穷蹙乞抚入告。事发，夺职。再起黑龙江将军，与俄划界，失地甚多。同治间封一等镇国将军。卒谥“庄简”。

❽安堵：安居，不受骚扰。

❾里门：乡里。

道光二十二年九月十八日

四位老弟足下：

九弟行程，计此时可以到家。自任丘发信之后，至今未接到第二封信，不胜悬悬，不知道上不甚艰险否？四弟、六弟院试，计此时应有信，而折差久不见来，实深悬望。

予身体较九弟在京时一样，总以耳鸣为苦。

问之吴竹如，云：“只有静养一法，非药物所能为力。”而应酬日繁，予又素性浮躁，何能着实静养？拟搬进内城住，可省一半无谓之往还，现在尚未找得。予时时自悔，终未能洗涤自新。九弟归去之后，予定刚日读经、柔日读史之法，读经常懒散不沉着，读《后汉书》现已丹笔点过八本，虽全不记忆，而较之去年读《前汉书》，领会较深。九月十一日起同课人议，每课一文一诗，即于本日申刻用白折写。予文、诗极为同课人所赞赏，然予于八股绝无实学，虽感诸君奖许之殷，实则自愧愈深也。待下次折差来，可付课文数篇回家。予居家懒做考差工夫，即借此课以磨厉考具，或亦不至临场窘迫耳。

吴竹如近日往来极密，来则作竟日之谈，所言皆身心国家大道理。渠言有窦兰泉者，垿，云南人。见道极精当平实；窦亦深知予者，彼此现尚未拜往。竹如必要予搬进城住，盖城内镜海[1]先生可以师事，倭艮峰[2]先生、窦兰泉可以友事，师友夹持，虽懦夫亦有立志。子思、朱子言：“为学譬如熬肉，先须用猛火煮，然后用慢火温。”

予生平工夫全未用猛火煮过，虽略有见识，乃是从悟境得来，偶用功，亦不过优游玩索已耳。如未沸之汤，遽用慢火温之，将愈煮愈不熟矣。是以急思搬进城内，屏除一切，从事于克己之学，镜海、艮峰两先生亦劝我急搬，而城外朋友，予亦有思常见者数人，如邵蕙西、吴子序、何子贞、陈岱云是也③。

蕙西尝言："'与周公瑾交，如饮醇醪④。'我两人颇有此风味。"故每见辄长谈不舍。子序之为人，予至今不能定其品，然识见最大且精，尝教我云："用功譬若掘井，与其多掘数井皆不及泉，何若老守一井，力求及泉而用之不竭乎？"此语正与予病相合，盖予所谓井掘多而皆不及泉者也。何子贞与予讲字极相合，谓我真知大源，断不可暴弃。予尝谓天下万事万理皆出于乾坤二卦，即以作字论之：纯以神行，大气鼓荡，脉络周通，潜心内转，此乾道也；结构精巧，向背有法，修短合度，此坤道也。凡乾以神气言，凡坤以形质言。礼乐不可斯须去身，即此道也。乐本于乾，礼本于坤。作字而优游自得，真力弥满者，即乐之意也；丝丝入扣，转折合法，即礼之意也。偶与子贞言及此，子贞深以为然，谓渠生平得力尽于此矣。陈岱云与吾处处痛痒相关，此九弟所知者也。

写至此，接得家书，知四弟、六弟未得入学，怅怅然！科名有无迟早，总由前定，丝毫不能勉强。吾辈读书，只有两事：一者进德之事，讲求乎诚正修齐之道，以图无忝所生；一者修业之事，操习乎记诵词章之术，以图自卫其身。进德之事，难以尽言；至于修业以卫身，吾请言之：卫身莫大于谋食。农、工、商，劳力以求食者也；士，劳心以求食者也。故或食禄于朝，教授于乡，或为传食之客，或为入幕之宾，皆须计其所业足以得食而无愧。科名者，食禄之阶也。亦须计吾所业，将来不至尸位素餐⑤，而后得科名而无愧。食之得不得，穷通由天作主，予夺由人作主；

业之精不精，则由我作主。然吾未见业果精而终不得食者也。农果力耕，虽有饥馑，必有丰年；商果积货，虽有壅滞，必有通时；士果能精其业，安见其终不得科名哉？即终不得科名，又岂无他途可以求食者哉？然则特患业之不精耳。求业之精，别无他法，曰专而已矣。谚曰“艺多不养身”，谓不专也。吾掘井多而无泉可饮，不专之咎也。

诸弟总须力图专业。如九弟志在习字，亦不必尽废他业，但每日习字工夫，断不可不提起精神，随时随事，皆可触悟。四弟、六弟吾不知其心有专嗜否？若志在穷经，则须专守一经；志在作制义，则须专看一家文稿；志在作古文，则须专看一家文集；作各体诗亦然，作试帖亦然；万不可以兼营并骛，兼营则必一无所能矣。切嘱切嘱！千万千万！

此后写信来，诸弟各有专守之业，务须写明，且须详问极言，长篇累牍，使我读其手书即可知其志向识见。凡专一业之人，必有心得，亦必有疑义。诸弟有心得，可以教我共赏之；有疑义，可以问我共析之。且书信既详，则四千里外之兄弟不啻晤言一室，乐何如乎！

予生平于伦常中，惟兄弟一伦抱愧尤深。盖父亲以其所知者尽以教我，而我不能以吾所知者尽教诸弟，是不孝之大者也。九弟在京年余，进益无多，每一念及，无地自容。嗣后我写诸弟信，总用此格纸，弟宜存留，每年装订成册，其中好处，万不可忽略看过。诸弟写信寄我，亦须用一色格纸，以便装订。

谢果堂先生出京后，来信并诗二首。先生年已六十余，名望甚重，与予见面，辄彼此倾心，别后又拳拳[6]不忘，想见老辈爱才之笃。兹将诗并予送诗附阅，传播里中，使共知此老为大君子也。

予有大铜尺一方，屡寻不得，九弟已带归否？频年寄黄芽白菜子，家中种之好否？在省时已买漆否？漆匠果用何人？信来并祈详示。

兄国藩手具

注释

❶镜海：姓唐，名鉴，湖南善化人，唐仲冕子，由检讨历官江宁布政使，有惠政。入为太常卿。海疆事起，劾总督琦善、耆英等，直声闻天下。卒谥“确慎”。

❷倭艮峰：名仁，蒙古正红旗人，屡官文华殿大学士，精研义理之学。卒谥“文端”。

❸邵蕙西：名懿辰，浙江仁和人，官刑部员外郎。其学礼以李光地、方苞为则，往往面折人过，终以此取戾于世。咸丰中在籍殉难。吴子序：名嘉滨，江西南丰人，学邃于经。官编修，坐事落职，戍军台。咸丰间以内阁中书治乡兵，城陷，死之。何子贞：名绍基，号蝯叟，湖南道州人，何凌汉子。博涉群书，尤精小学，草书为一代之冠。

❹醇：chún。醪：láo。醇醪，酒之醴者。

❺尸位：谓居其位而不行其事也。素餐：空食也。

❻拳拳：奉持之貌。

道光二十二年十月二十六日

十月二十一接九弟在长沙所发信，内途中日记六页，外药子一包。二十二接九月初二日家信，欣悉以慰。自九弟出京后，余无日不忧虑，诚恐道路变故多端，难以臆揣。及读来书，果不出吾所料，千辛万苦，始得到家，幸哉！幸哉！郑伴之不足恃，余早已知之矣。郁滋堂如此之好，余实不胜感激。

在长沙时，曾未道及彭山屺，何也？又为祖母买皮袄，极好！极好！极好！可以补吾之过矣。

观四弟来信甚详，其发奋自励之志，溢于行间，然必欲找馆出外，此何意也？不过谓家塾离家太近，容易耽搁，不如出外较清净耳。然出外从师，则无甚耽搁；若出外教书，其耽搁更甚于家塾矣。且苟能发奋自立，则家塾可读书；即旷野之地、热闹之场，亦可读书；负薪牧豕，皆可读书。苟不能发奋自立，则家塾不宜读书，即清净之乡、神仙之境皆不能读书。何必择地？何必择时？但自问立志之真不真耳。

六弟自怨数奇，余亦深以为然。然屈于小试，辄发牢骚，吾窃笑其志之小，而所忧之不大也。君子之立志也，有“民胞物与”之量，有“内圣外王”之业[①]，而后不忝于父母之所生，不愧为天地之完人。故其为忧也，以不如舜、不如周公为忧也，以德不修、学不讲为忧也。是故顽民梗化则忧之，蛮夷猾夏则忧之，小人在位、贤才否闭则忧之，匹夫匹妇不被己泽则忧之，所谓悲天命而悯人穷，此君子之所忧也。若夫一身之屈伸，一家之饥饱，世俗之荣辱、得失、贵贱、毁誉，君子固不暇忧及也。

六弟屈于小试，自称数奇，余窃笑其所忧之不大也。盖人不读书则已，亦既自名曰读书人，则必从事于《大学》[②]；《大学》之纲领有三："明德""新民""止至善"，皆我分内事也。若读书不能体贴到身上去，谓此三项与我身了不相涉，则读书何用？虽使能文能诗，博雅自诩，亦只算得识字之牧猪奴耳，岂得谓之明理有用之人乎？

朝廷以制艺取士，亦谓其能代圣贤立言，必能明圣贤之理，行圣贤之行，可以居官莅民、整躬率物也。若以"明德""新民"为分外事，则虽能文能诗，而于修己治人之道，实茫然不讲，朝廷用此等人作官，与用牧猪奴作官何以异哉？然则既自名为读书人，则《大学》之纲领皆己身切要之事明矣。

其条目有八，自我观之，其致功之处，则仅二者而已，曰"格物"[③]，曰"诚意"。"格物"，致知之事也；"诚意"，力行之事也。物者何？即所谓本末之物也。身、心、意、知、家、国、天下，皆物也，天地万物皆物也，日用常行之事皆物也。格者，即物而穷其理也。如事亲定省，物也；究其所以当定省之理，即格物也。事兄随行，物也；究其所以当随行之理，即格物也。吾心，物也；究其存心之理，又博究其省察涵养以存心之理，即格物也。吾身，物也；究其敬身之理，又博究其"立斋坐尸"以敬身之理，即格物也。每日所看之书，句句皆物也；切己体察，穷究其理，即格物也。此致知之事也。所谓诚意者，即其所知而力行之，是不欺也。知一句便行一句，此力行之事也。此二者并进，下学在此，上达亦在此。

吾友吴竹如[④]格物工夫颇深，一事一物皆求其理。倭艮峰先生则诚意工夫极严，每日有日课册，一日之中，一念之差，一事之失，一言一默，皆笔之于书。书皆楷字，三月则订一本。自乙未年起，今三十本矣。盖其慎独之严，虽妄念偶动，必即时克治而著之于书，故所读之书，句句皆切身之要药。兹将艮峰先生日课抄三页，付归与诸弟看。

余自十月初一日起，亦照艮峰样，每日一念一事，皆写之于册，以便触目克治，亦写楷书。冯树堂与余同日记起，亦有日课册。树堂极为虚心，爱我如兄，敬我如师，将来必有所成。余向来有无恒之弊，自此次写日课本子起，可保终身有恒矣。盖明师益友，重重夹持，能进不能退也。本欲抄余日课册付诸弟阅，因今日镜海先生来要将本子带回去，故不及抄。十一月有折差，准抄几页付回也。

余之益友，如倭艮峰之瑟僩[5]，令人对之肃然。吴竹如、窦兰泉之精义，一言一事，必求至是。吴子序、邵蕙西之谈经，深思明辨。何子贞之谈字，其精妙处，无一不合，其谈诗尤最符契[6]。子贞深喜吾诗，故吾自十月来已作诗十八首。兹钞二叶付回与诸弟阅。冯树堂、陈岱云之立志，汲汲不遑，亦良友也。镜海先生，吾虽未尝执贽[7]请业，而心已师之矣。吾每作书与诸弟，不觉其言之长，想诸弟或厌烦难看矣。然诸弟苟有长信与我，我实乐之，如获至宝，人固各有性情也。

余自十月初一日起记日课，念念欲改过自新。

思从前与小珊有隙，实是一朝之忿，不近人情，即欲登门谢罪；恰好初九日小珊来拜寿，是夜余即至小珊家久谈，十三日与岱云合伙请小珊吃饭，从此欢笑如初，前隙尽释矣。金竺虔报满用知县，现住小珊家，喉痛月余，现已全好。李碧峰在汤家如故。

易莲舫要出门就馆，现亦甚用功，亦学倭艮峰者也。

同乡李石梧[8]已升陕西巡抚。两大将军皆锁拿解京治罪，拟斩监候。英夷之事，业已和抚，去银二千一百万两，又各处让他码头五处，现在英夷已全退矣。两江总督牛鉴亦锁解刑部治罪。近事大略如此。容再续书。

兄国藩手具

注释

❶民胞物与：张载《西铭》："民吾同胞，物吾与也。"内圣外王：言学术体用兼备，各极其至也。《庄子》："是故内圣外王之道，暗而不明，郁而不发。"程颢曰："尧夫内圣外王之学也。"

❷《大学》：书名，四书之一。

❸格物：《大学》："致知在格物。"格，至也。物，犹事也。穷致事物之理，欲其极处无不到也。

❹吴竹如：名廷栋，安徽霍山人，以拔贡官至刑部右侍郎。其学以明体达用为本。告归后，日食不给，处之晏然。有《抽修集》。

❺瑟僩：见《诗经·卫风·淇奥》之篇。瑟，严密貌。僩，宽大貌。

❻符契：贴合。

❼贽：zhì，初见时所执物也。今谓之见面礼。

❽李石梧：名星沅，湖南湘阴人。由编修官至两江总督，卒谥"文恭"。有《芋香山馆集》。

道光二十二年十二月二十日

诸位贤弟足下：

十一月十七寄第三号信，想已收到。父亲到县纳漕[①]，诸弟何不寄一信，交县城转寄省城也？以后凡遇有便，即须寄信。切要切要！九弟到家，遍走各亲戚家，必各有一番景况，何不详以告我？四妹小产以后，生育颇难，然此事最大，断不可以人力勉强，劝渠家只须听其自然，不可过于矜持。又闻四妹起最晏，往往其姑反服事他，此反常之事，最足折福。天下未有不孝之妇而可得好处者，诸弟必须时劝导之，晓之以大义。诸弟在家读书，不审每日如何用功？

余自十月初一立志自新以来，虽懒惰如故，而每日楷书写日记，每日读史十叶，每日记茶余偶谈一则，此三事未尝一日间断。十月二十一日立誓永戒吃水烟，洎今已两月不吃烟，已习惯成自然矣。予自立课程甚多，惟记茶余偶谈、读史十叶、写日记楷本此三事者，誓终身不间断也。诸弟每人自立课程，必须有日日不断之功，虽行船走路，俱须带在身边。予除此三事外，他课程不必能有成，而此三事者，将终身以之。

前立志作《曾氏家训》一部，曾与九弟详细道及。后因采择经史，若非经史烂熟胸中，则割裂零碎，毫无线索。至于采择诸子各家之言，尤为浩繁，虽钞数百卷，犹不能尽收。然后知古人作《大学衍义》《衍义补》诸书，乃胸中自有条例，自有议论，而随便引书以证明之，非翻书而遍抄之也。然后知著书之难，故暂且不作《曾氏家训》，若将来胸中道理愈多，议论愈贯串，仍当为之。

现在朋友愈多。讲躬行心得者，则有镜海先生、艮峰前辈、吴竹如、窦兰泉、冯树堂；穷经知道者，则有吴子序、邵蕙西；讲诗、文、字而艺通于道者，则有何子贞；才气奔放，则有汤海秋[2]；英气逼人，志大神静，则有黄子寿[3]。又有王少鹤、名锡振[4]，广西主事，年二十七岁，张筱[5]浦之妹夫。朱廉甫、名琦[6]，广西乙未翰林。吴莘畬[7]、名尚志，广东人，吴抚台之世兄。庞作人。名文寿，浙江人。此四君者，皆闻予名而先来拜，虽所造有深浅，要皆有志之士，不甘居于庸碌者也。京师为人文渊薮[8]，不求则无之，愈求则愈出。近来闻好友甚多，予不欲先去拜别人，恐徒标榜虚声。盖求友以匡己之不逮[9]，此大益也；标榜以盗虚名，是大损也。天下有益之事，即有足损者寓乎其中，不可不辨。

黄子寿近作《选将论》一篇，共六千余字，真奇才也！子寿戊戌年始作破题，而六年之中遂成大学问，此天分独绝，万不可学而至，诸弟不必震而惊之。予不愿诸弟学他，但愿诸弟学吴世兄、何世兄。吴竹如之世兄，现亦学艮峰先生写日记，言有矩，动有法，其静气实实可爱。何子贞之世兄，每日自朝至夕总是温书，三百六十日，除作诗文时，无一刻不温书，真可谓有恒者矣。故予从前限功课教诸弟，近来写信寄弟，从不另开课程，但教诸弟有恒而已。

盖士人读书，第一要有志，第二要有识，第三要有恒。有志则断不甘为下流；有识则知学问无尽，不敢以一得自足；如河伯之观海，如井蛙之窥天，皆无识者也；有恒则断无不成之事。此三者，缺一不可。诸弟此时惟有识不可以骤几[10]，至于有志、有恒，则诸弟勉之而已。予身体甚弱，不能苦思，苦思则头晕；不耐久坐，久坐则倦乏。时时属望惟诸弟而已。

明年正月，恭逢祖大人七十大寿，京城以进十为正庆。予本拟在戏园设寿筵，窦兰泉及艮峰先生劝止之，故不复张筵。盖京城张筵唱戏，名为庆寿，实则打把戏。兰泉之劝止，正以此故。现在作寿屏两架：一架淳化笺四大幅，系何子贞撰文并书，字有茶碗口大；一架冷金笺八小幅，系吴子序撰文，予自书。淳化笺系内府用纸，纸厚如钱，光彩耀目，寻常琉璃厂无有也，昨日偶有之，因买四张。子贞字甚古雅，惜太大，万不能寄回。奈何！奈何！

侄儿甲三体日胖而颇蠢，夜间小解知自报，不至于湿床褥。女儿体好，最易扶携，全不劳大人费心力。今年冬间贺耦庚[11]先生寄三十金，李双圃先生寄二十金，其余尚有小进项。汤海秋又自言借百金与我用，计还清兰溪、寄云外，尚可宽裕过年。统计今年除借会馆房钱外，仅借百五十金，岱云则略多些。岱云言在京已该账[12]九百余金，家中亦有此数，将来正不易还。寒士出身，不知何日是了也！我在京该账尚不过四百金，然苟不得差，则日见日紧矣。书不能尽言，惟诸弟鉴察。

兄国藩手草

注释

❶纳漕：即完粮也。

❷汤海秋：名鹏，湖南益阳人，以御史劾工部尚书宗室载铨罢回户部。有《浮邱子》《海秋诗文集》。

❸黄子寿：名彭年，贵州贵筑人。黄辅辰子，由进士官至湖北布政使。以整饬风纪、扶植士类为己任。

❹王锡振：一字定父，广西马平人，由主事官通政使。有《龙壁山房集》。

❺筱：xiǎo。

❻朱琦：字廉甫，广西临桂人，由编修以道员守杭州，死难。有《怡志堂集》。

❼畬：yú。

❽渊薮：事物的根源。

❾不逮：不足之处。

❿骤几：很快成功。

⓫贺耦庚：名长龄，湖南善化人。以进士官至云贵总督，坐“永昌回变”落职。为学以导养身心为主。有《耐庵文集》《经世文编》等书。

⓬该账：欠账。

道光二十三年六月初六日

温甫[①]六弟左右：

五月二十九、六月初一连接弟三月初一、四月二十五、五月初一三次所发之信，并《四书》文二首，笔仗实实可爱。信中有云："于兄弟则直达其隐，父子祖孙间不得不曲致其情。"此数语有大道理。余之行事，每自以为至诚可质天地，何妨直情径行。昨接四弟信，始知家人天亲之地，亦有时须委曲以行之者。吾过矣！吾过矣！

香海为人最好。吾虽未与久居，而相知颇深，尔以兄事之可也。丁秩臣、王衡臣两君，吾皆未见，大约可为尔之师。或师之，或友之，在弟自为审择。若果威仪可测，淳实宏通，师之可也；若仅博雅能文，友之可也。或师或友，皆宜常存敬畏之心，不宜视为等夷，渐至慢亵[②]，则不复能受其益矣。

尔三月之信所定功课太多，多则必不能专，万万不可！后信言已向陈季牧借《史记》，此不可不熟看之书。尔既看《史记》，则断不可看他书。功课无一定呆法，但须专耳。余从前教诸弟，常限以功课，近来觉限人以课程，往往强人以所难，苟其不愿，虽日日遵照限程，亦复无益，故近来教弟但有一"专"字耳。"专"字之外，又有数语教弟，兹特将冷金笺写出，弟可贴之座右，时时省览，并钞一付寄家中三弟。香海言时文须学《东莱博议》，甚是。尔先须过笔圈点一遍，然后自选几篇读熟，即不读亦可。无论何书，总须从首至尾通看一遍。不然，乱翻几叶，摘抄几篇，而此书之大局、精处茫然不知也。

学诗从《中州集》入亦好，然吾意读总集不如读专集。此事人人意见各殊，嗜好不同。吾之嗜好，于五古则喜读《文选》，于七古则喜读《昌黎集》，于五律则喜读杜集，七律亦最喜杜诗，而若不能步趋，故兼读《元遗山集》。吾作诗最短于七律，他体皆有心得，惜京都无人可与畅语者。尔要学诗，先须看一家集，不要东翻西阅；先须学一体，不可各体同学，盖明一体则皆明也。凌笛舟最善为律诗，若在省，尔可就之求教。

习字临《千字文》亦可，但须有恒。每日临帖一百字，万万无间断，则数年必成书家矣。陈季牧最喜谈字，且深思善悟，吾见其寄岱云信，实能知写字之法。可爱！可畏！尔可从之切磋。此等好学之友，愈多愈好。来信要我寄诗回南，余今年身体不甚壮健，不能用心，故作诗绝少，仅作感春诗七古五章，慷慨悲歌，自谓不让陈卧子，而语太激烈，不敢示人。余则仅作应酬诗数首，了无可观。顷作寄贤弟诗二首，弟观之以为何如？

京笔现在无便可寄，总在秋间寄回。若无笔写，暂向陈季牧借一支，后日还他可也。

兄国藩手草

注释

❶温甫：名国华，即六弟。以同知随李续宾死难三河，谥“愍烈”。

❷慢：惰也。亵：xiè，秽也。

道光二十三年六月六日

澄侯、叔淳、季洪三弟左右：

五月底连接三月一日、四月十八两次所发家信。四弟之信具见真性情，有困心横虑、郁积思通之象。此事断不可求速效，求速效则必“助长”，非徒无益，而又害之。只要日积月累，如愚公之移山，终久必有豁然贯通之候，愈欲速则愈锢蔽[①]矣。

来书往往词不达意，我能深谅其苦。今人都将“学”字看错了，若细读“贤贤易色”一章，则绝大学问即在家庭日用之间。于“孝弟”两字上，尽一分便是一分学，尽十分便是十分学。今人读书皆为科名起见，于孝弟伦纪[②]之大，反似与书不相关。殊不知书上所载的，作文时所代圣贤说的，无非要明白这个道理。若果事事做得，即笔下说不出何妨？若事事不能做，并有亏于伦纪之大，即文章说得好，亦只算个名教中之罪人。

贤弟性情真挚[③]而短于诗文，何不日日在“孝弟”两字上用功？《曲礼》《内则》所说的，句句依他做出，务使祖父母、父母、叔父母无一时不安乐，无一时不顺适，下而兄弟妻子皆蔼然有恩，秩然有序，此真大学问也。若诗文不好，此小事，不足计，即好极，亦不值一钱。不知贤弟肯听此语否？

科名之所以可贵者，谓其足以承堂上之欢也，谓禄仕可以养亲也。今吾已得之矣，即使诸弟不得，亦可以承欢，可以养亲，何必兄弟尽得哉？贤弟若细思此理，但于孝弟上用功，则诗文不期进而自进矣。

凡作字总须得势，务使一笔可以走千里。三弟之字，笔笔无势，是以局促不能远纵。去年曾与九弟说及，想近来已忘之矣。九弟欲看余白折，余所写折子甚少，故不付。

大铜尺已经寻得。付笔回南，目前实无妙便，俟秋间定当付还。去年所寄牧云信未寄去，但其信前半劝牧云用功，后半劝凌云莫看地，实有道理。九弟可将其信抄一遍仍交与他，但将纺棉花一段删去可也。地仙为人主葬，害人一家，丧良心不少，未有不家败人亡者，不可不力阻凌云也。至于纺棉花之说，如直隶之三河县、灵寿县，无论贫富男妇，人人纺布为生，如我境之耕田为生也。江南之妇人耕田，犹三河之男人纺布也。湖南如浏阳之夏布、祁阳之葛布、宜昌之棉布，皆无论贫富男妇，人人依以为业，此并不足为骇异也。第风俗难以遽变，必至骇人听闻，不如删去一段为妙。书不尽言。

兄国藩手草

注释

❶锢：铸塞也。蔽：障隔也。

❷伦纪：伦常纲纪。

❸真：不虚伪也。挚：恳切也。

道光二十四年正月二十六日

四位老弟左右：

正月二十三日接到诸弟信，系腊月十六在省城发，不胜欣慰！四弟女许朱良四姻伯之孙，兰姊女许贺孝七之子，人家甚好，可贺。惟蕙妹家颇可虑，亦家运也。

六弟、九弟今年仍读书省城，罗罗山[①]兄处附课[②]，甚好。既在此附课，则不必送诗文与他处看，以明有所专主也。凡事皆贵专，求师不专，则受益也不入；求友不专，则博爱而不亲。心有所专宗，而博观他途以扩其识，亦无不可；无所专宗，而见异思迁，此眩彼夺，则大不可。罗山兄甚为刘霞仙[③]、欧晓岑所推服[④]，有杨生任光。者，亦能道其梗概，则其可为师表明矣。惜吾不得常与居游也。

在省用钱，可在家中支用，银三十两则够二弟一年之用矣，亦在吾寄一千两之内。予不能别寄与弟也。我去年十一月二十日到京，彼时无折差回南，至十二月中旬始发信。乃两弟之信骂我糊涂，何不检点至此！赵子舟与我同行，曾无一信，其糊涂更何如耶？余自去年五月底至腊月初未尝接一家信，我在蜀可写信由京寄家，岂家中信不可由京寄蜀耶？又将骂何人糊涂耶？凡动笔不可不检点！

陈尧农先生信至今未接到。黄仙垣未到京。家中付物，难于费心，以后一切布线等物均不必付。九弟与郑、陈、冯、曹四信，写作俱佳，可喜之至。六弟与我信，字太草率，此关乎一生福分，故不能不告汝也。四弟写信，语太不圆，由于天分，吾不复责。余容续布，诸惟心照。

兄国藩手具

注释

❶罗罗山：名泽南，湖南湘乡人，以廪生率乡勇转战皆捷，积功至布政使，援武汉中炮卒。临终曰："乱极时，站得定，方为有用之学。"谥"忠节"。

❷附课：一种非正式拜师的学习方式。

❸刘霞仙：名蓉，以诸生从骆秉章入蜀，运筹决策，官至陕西巡抚。有《养晦堂诗文集》。

❹推服：推许佩服。

道光二十四年三月初十日

六弟、九弟左右：

三月八日接到两弟二月十五所发信，信面载第二号，则知第一号信未到。比去提塘追索，渠云并未到京，恐尚在省未发也。以后信宜交提塘挂号，不宜交折差手，反致差错。

来书言自去年五月至十二月，计共发信七八次。兄到京后，家人仅检出二次，一系五月二十二日发，一系十月十六发，其余皆不见。远信难达，往往似此！

腊月信有“糊涂”字样，亦情之不能禁者。盖望眼欲穿之时，疑信杂生，怨怒交至。惟骨肉之情愈挚，则望之愈殷；望之愈殷，则责之愈切。度日如年，居室如圜墙，望好音如万金之获，闻谣言如风声鹤唳[①]，又加以堂上之悬思，重以严寒之逼人，其不能不出怨言以相詈[②]者，情之至也。然为兄者，观此二字，则虽曲谅其情，亦不能不责之。非责其情，责其字句之不检点耳，何芥蒂之有哉？至于回京时有折弁南还，则兄实不知。当到家之际，门几如市，诸务繁剧，吾弟可想而知。兄意谓家中接榜后再发一信，则万事可以放心矣，岂尚有悬挂者哉？来书辩论详明，兄今不复辩。盖彼此之心虽隔万里，而赤诚不啻目见，本无纤毫之疑，何必因二字而多费唇舌？以后来信，万万不必提起可也。

所寄银两，以四百为馈赠族戚之用。来书云：“非有未经审量之处，即似稍有近名之心。”此二语推勘入微，兄不能不内省者也。

又云："所识穷乏得我而为之，抑逆知家中必不为此慷慨，而姑为是言？"斯二语者，毋亦拟兄于不伦乎？兄虽不肖，何至鄙且奸至于如此之甚？所以为此者，盖族戚中有断不可不一援手之人，而其余则牵连而及。

兄己亥年至外家，见大舅陶穴而居，种菜而食，为恻然者久之！通十舅送我，谓曰："外甥做外官，则阿舅来作烧火夫也。"南五舅送至长沙，握手曰："明年送外甥妇来京。"余曰："京城苦，舅勿来。"舅曰："然。然吾终寻汝任所也。"言已泣下。兄念母舅皆已年高，饥寒之况可想，而十舅且死矣！及今不一援手，则大舅、五舅又能沾我辈之余润乎？十舅虽死，兄意犹当恤其妻子，且从俗为之延僧，如所谓道场者，以慰逝者之魂，而尽吾不忍死其舅之心。我弟我弟！以为可乎？

兰姊、蕙妹家运皆舛[3]，兄好为识微之妄谈，谓姊犹可支撑，蕙妹再过数年则不能自存活矣。同胞之爱，纵彼无觖望[4]，吾能不视如一家一身乎？

欧阳沧溟先生夙债甚多，其家之苦况，又有非吾家可比者。故其母丧，不能稍隆厥[5]礼。岳母送余时，亦涕泣而道。兄赠之独丰，则犹徇世俗之见也。

楚善叔为债主逼迫，抢地无门，二伯祖母常为余泣言之。又泣告子植曰："八儿夜来泪注，地湿围径五尺也。"而田货于我家，价既不昂，事又多磨。尝贻书于我，备陈吞声饮泣之状，此子植所亲见，兄弟尝欷歔[6]久之。

丹阁叔与宝田表叔昔与同砚席十年，岂意今日云泥隔绝至此。知其窘迫难堪之时，必有饮恨于实命之不犹者矣。丹阁戊戌年曾以钱八千贺我，贤弟谅其景况，岂易办八千者乎？以为喜极，固可感也；以为钓饵，则亦可怜也。

任尊叔见我得官，其欢喜出于至诚，亦可思也。竟希公一项，当甲午年抽公项三十二千为贺礼，渠两房颇不悦。祖父曰：“待藩孙得官，第一件先复竟希公项。”此语言之已熟，特各堂叔不敢反唇相讥耳。同为竟希公之嗣，而菀枯⑦悬殊若此！设造物者一旦移其菀于彼二房，而移其枯于我房，则无论六百，即六两亦安可得耶？

六弟、九弟之岳家皆寡妇孤儿，槁饿无策，我家不拯之，则孰拯之者？我家少八两，未必遂为债户逼取；渠得八两，则举室回春。贤弟试设身处地而知其如救水火也。

彭王姑待我甚厚，晚年家贫，见我辄泣。兹王姑已没，故赠宜仁王姑丈，亦不忍以死视王姑之意也。腾七则姑之子，与我同孩提长养。各舅祖，则推祖母之爱而及也。彭舅曾祖则推祖父之爱而及也。陈本七、邓升六二先生，则因觉庵师而牵连及之者也。其余馈赠之人，非实有不忍于心者，则皆因人而及，非敢有意讨好，沽名钓誉，又安敢以己之豪爽形祖父之刻啬，为此奸鄙之心之行也哉？

诸弟生我十年以后，见诸戚族家皆穷而我家尚好，以为本分如此耳，而不知其初皆与我家同盛者也。兄悉见其盛时气象，而今日零落如此，则大难为情矣。凡盛衰在气象，气象盛，则虽饥亦乐，气象衰，则虽饱亦忧。今我家方全盛之时，而贤弟以区区数百金为极少，不足比数。设以贤弟处楚善、宽五之地，或处葛、熊二家之地，贤弟能一日以安乎？凡遇之丰啬顺舛，有数存焉，虽圣人不能自为主张。天可使吾今日处丰亨之境，即可使吾明日处楚善、宽五之境。君子之处顺境，兢兢焉常觉天之过厚于我，我当以所余补人之不足；君子之处啬境，亦兢兢焉常觉天之厚于我，非果厚也，以为较之尤啬者而我固已厚矣。古人所谓“境地须看不如我者”，此之谓也。

来书有“区区千金”数字，其毋乃不知天之已厚于我兄弟乎？兄尝观《易》之道，察盈虚消息之理，而知人不可无缺陷也。日中则昃，月盈则亏，天有孤虚，地阙东南，未有常全而不缺者。《剥》也者，《复》之幾也，君子以为可喜也。《夬》也者，《姤》之渐也[⑧]，君子以为可危也。是故既吉矣，则由吝以趋于凶；既凶矣，则由悔以趋于吉。君子但知有悔耳。悔者，所以守其缺而不敢求全也。小人则时时求全，全者既得，而吝与凶随之矣。众人常缺而一人常全，天道屈伸之故，岂若是不公乎？今吾家椿萱重庆，兄弟无故，京师无比美者，亦可谓至万全者矣。故兄但求缺陷，名所居曰“求缺斋”，盖求缺于他事而求全于堂上，此则区区之至愿也。

家中旧债不能悉清，堂上衣服不能多办，诸弟所需不能一给，亦求缺陷之义也。内人不明此意，时时欲置办衣服，兄亦时时教之。今幸未全备，待其全时，则吝与凶随之矣，此最可畏者也。贤弟夫妇诉怨于房闼之间，此是缺陷。吾弟当思所以弥其缺而不可尽给其求，盖尽给则渐几于全矣。吾弟聪明绝人，将来见道有得，必且韪余之言也。

至于家中欠债，则兄实有不尽知者。去年二月十六接父亲正月四日手谕，中云：“年事一切，银数敷用有余，上年所借头息钱均已完清。家中极为顺遂，故不窘迫。”父亲所言如此，兄亦不甚了了，不知所完究系何项？未完尚有何项？兄所知者，仅江孝八外祖百两、朱岚暄五十两而已。其余如耒阳本家之账，则兄由京寄还，不与家中相干。甲午冬借添梓坪钱五十千，尚不知作何还法，正拟此次禀问祖父。此外账目，兄实不知。下次信来，务望详开一单，使兄得渐次筹划。如弟所云：“家中欠债千余金。”若兄早知之，亦断不肯以四百赠人矣。如今信去已阅三月，馈赠戚族之语，不知乡党已传播否？若已传播而实不至，则祖父受啬吝之名，我加一信，亦难免“二三其德”之诮，此兄读两弟来书所为踌躇[⑨]而无策者也。兹特呈堂上一禀，依九弟之言书之，谓朱啸山、曾受恬处二百落空，非初意所料。其馈赠之项，听祖父、叔父裁夺，或以二百为赠，每人减半亦可；或家中十分窘迫，即不赠亦可。戚族来者，家中即以此信示之，庶不悖于“过则归己”之义。贤弟观之，以为何如也？若祖父、叔父以前信为是，慨然赠之，则此禀不必付归，兄另有安信付去，恐堂上慷慨持赠，反因接吾书而尼沮。凡仁心之发，必一鼓作气，尽吾力之所能为，稍有转念，则疑心生，私心亦生。疑心生，则计较多而出纳吝矣；私心生，则好恶偏而轻重乖矣。使家中慷慨乐与，则慎无以吾书生堂上之转念也。使堂上无转念，则此举也，阿兄发之，堂上成之，无论其为是为非，诸弟置之不论可耳。向使去年得云、贵、广西等省苦差，并无一钱寄家，家中亦不能责我也。

九弟来书，楷法佳妙，余爱之不忍释手。起笔收笔皆藏锋，无一笔撒手乱丢，所谓“有往皆复”也。想与陈季牧讲究，彼此各有心得，可喜！可喜！然吾所教尔者，尚有二事焉：一曰换笔，古人每笔中间必有一换，如绳索然，第一股在上，一换则第二股在上，再换则第三股在上也。笔尖之着纸者，仅少许耳。此少许者，吾当作四方铁笔用，起处东方在左，西方向右，一换则东方向右矣。笔尖无所谓方也，我心中常觉其方，一换而东，再换而北，三换而西，则笔尖四面有锋，不仅一面相向矣。二曰结字有法，结字之法无穷，但求胸有成竹耳。六弟之信，文笔拗而劲，九弟文笔婉而达，将来皆必有成，但目下不知各看何书？万不可徒看考墨卷，汩没[10]性灵。每日习字不必多，作百字可耳。读背诵之书不必多，十叶可耳。看涉猎之书不必多，亦十叶可耳。但一部未完，不可换他部，此万万不易之道。阿兄数千里外教尔，仅此一语耳。

罗罗山兄读书明大义，极所钦仰，惜不能会面畅谈。余近来读书无所得，酬应之繁，日不暇给，实实可厌。惟古文、各体诗自觉有进境，将来此事当有成就，恨当世无韩愈、王安石一流人与我相质证耳！贤弟亦宜趁此时学为诗、古文，无论是否，且试拈笔为之，及今不作，将来年长，愈怕丑而不为矣。每月六课，不必其定作时文也。古文、诗、赋、四六无所不作，行之有常，将来百川分流，同归于海，则通一艺即通众艺，通于艺即通于道，初不分而二之也。此论虽太高，然不能不为诸弟言之，使知大本大原，则心有定向而不至于摇摇无着。虽当其应试之时，全无得失之见乱其意中；即其用力举业之时，亦于正业不相妨碍。诸弟试静心领略，亦可徐徐会悟也。

外附录《五箴》一首、《养身要言》一纸、《求缺斋课程》一纸，诗文不暇录，惟谅之。

兄国藩手草

注释

❶风声鹤唳：《晋书》载，前秦苻坚率大军逼淝水而阵，东晋前锋刘牢之请秦兵少却，以八千人涉水，秦兵惧而崩溃，闻风声鹤唳，皆以为晋兵且至。

❷詈：lì，犹相骂也。正斥曰骂，旁及曰詈。

❸舛：错乱也。

❹觖望：怨恨。

❺厥：其也。

❻欷歔：泣余声也。《韩诗外传》：雍门周鼓琴，孟尝欷歔就之。

❼菀：茂盛貌。枯：槁也。菀枯，以喻荣辱优劣。

❽剥、复、夬、姤：皆《周易》卦名。

❾踌躇：犹豫也。

❿汩没：浮沉意。

道光二十四年五月十二日

男国藩跪禀父母亲大人万福金安：

五月十一接到四月十三自省城所发信，具悉一切。母亲齿痛，不知比从前略松否？现服何药？下次望季弟寄方来看。叔父之病至今未愈，想甚沉重，望将药方病症书明寄京。刘东屏医道甚精，然高云亭犹嫌其过于胆大，不知近日精进何如？务宜慎之又慎。王率五荒唐如此，何以善其后？若使到京，男当严以束之，婉以劝之。明年会试后偕公车南归，自然安置妥当，家中尽可放心，特恐其不到京耳。

本家受恬之银，男当写信去催。江西抚台系男戊戌座师[①]，男可写信提及，亦不能言调剂之说。常南陔[②]之世兄，闻其宦家习气太重，孙男孙女尚幼，不必急于联婚。且男之意，儿女联姻，但求勤俭孝友之家，不愿与宦家结契联婚，不使子弟长奢惰之习，不知大人意见何如？望即日将常家女庚[③]退去，托阳九婉言以谢。渠托买高丽参，因亲事不成，亦不便买。本家道三兄弟托荐馆，男当代为留心，然分发湖南者，即使在京答应，未必到省果去找他，此亦不可靠者也。常南陔处即由男写信回覆。

前男送各戚族家银两，不知祖父、父亲、叔父之意云何？男之浅见，不送则家家不送，要送则家家全送；要减则每家减去一半，不减则家家不减。不然，口惠而实不至，亲族之间嫌怨丛生，将来衅[④]生不测，反成仇雠，伏乞堂上审慎施行。百叩百叩。

男谨禀

注释

❶座师：对自己参加科举考试时的主考官的尊称。

❷常南陔：名大淳，湖南衡阳人，咸丰间官至湖北巡抚，城陷投井死。谥“文节”。

❸女庚：指女方的八字贴。

❹衅：xìn，血祭也，又作隙。《左传》：“仇有衅，不可失也。”

道光二十四年七月二十日

男国藩跪禀父母亲大人万福金安：

六月二十三日男发第七号信交折差，七月初一日发第八号交王仕四手，不知已收到否？

六月二十日接六弟五月十二书，七月十六接四弟、九弟五月二十九日书，皆言忙迫之至，寥寥数语，字迹潦草，即县试、案首[①]、前列皆不写出。同乡有同日接信者，即考古、考老生皆已详载。同一折差也，各家发信迟十余日而从容，诸弟发信早十余日而忙迫，何也？且次次忙迫，无一次稍从容者，又何也？

男等在京大小平安，同乡诸家皆好，惟汤海秋于七月八日得病，初九未刻即逝。六月二十八考教习，冯树堂、郭筠仙[②]、朱啸山皆取。湖南今年考差，仅何子贞得差，余皆未放。惟陈岱云光景最苦。男因去年之病，反以不放为乐。王仕四已善为遣回。率五大约在粮船回，现尚未定。渠身体平安，二妹不必挂心。

叔父之病，男累求详信直告，至今未得，实不放心。甲三读《尔雅》，每日二十余字，颇肯率教[③]。

六弟今年正月信，欲从罗罗山处附课，男甚喜之。后来信绝不提及，不知何故？所附来京之文，殊不甚好。在省读书二年，不见长进，男心实忧之而无如何，只恨男不善教诲而已。大抵第一要除骄傲气习，中无所有而夜郎自大[④]，此最坏事。四弟、九弟虽不长进，亦不自满。求大人教六弟，总期不自满足为要。余俟续呈。

男谨禀

注释

❶案首：县试第一名。

❷郭筠仙：名嵩焘，湖南湘阴人，由进士官至兵部左侍郎。充出使英、法大臣，取诸公者仅薪水、屋租二事。著书甚多，学者称养知先生。

❸率教：遵从教导。

❹夜郎自大：夜郎，今贵州西境。汉西南夷小国，见汉使，言："汉孰与我大？"今以讥自大者。

道光二十四年八月二十九日

孙国藩跪禀祖父母大人万福金安：

八月二十七日接到七月十五、二十五两次所发之信，内祖父母各一信，父亲、母亲、叔父各一信，诸弟亦皆有信，欣悉一切，慰幸之至。叔父之病，得此次信始可放心。祖父正月手书之信，孙比收他处，后偶忘之，近亦寻出。孙七月二十发第九号信，不知到否？

八月二十八日，陈岱云之弟送灵榇[①]回南，坐粮船，孙以率五妹夫与之同伴南归，船钱饭钱，陈宅皆不受。孙送至城外，率五挥泪而别，甚为可怜。率五来意，本欲考供事，冀得一官以养家。孙以供事必须十余年乃可得一典史，宦海风波，安危莫卜，卑官小吏，尤多危机。每见佐杂末秩，下场鲜有好者。孙在外已久，阅历已多，故再三苦言，劝率五居乡，勤俭守旧，不必出外做官。劝之既久，率五亦以为然。其打发行李诸物，孙一一办妥，另开单呈览。孙送率五归家，即于是日申刻生女，母女俱平安。

前正月间，孙寄银回南，有馈赠亲族之意，理宜由堂上定数目，方合《内则》“不敢私与”之道。孙比时[②]糊涂，擅开一单，轻重之际，多不妥当，幸堂上各大人斟酌增减，方为得宜。但岳家太多，他处相形见绌，孙稍有不安耳。率五至家，大约在春初可以到家。渠不告而出，心中怀惭，到家后，望大人不加责，并戒家中及近处无相讥讪为幸。

孙谨禀

注释

❶灵榇：灵柩。

❷比时：当时。

道光二十四年八月二十九日

四位老弟左右：

昨二十七日接信，快畅之至！以信多而处处详明也。四弟《七夕诗》甚佳，已详批诗后。从此多作诗亦甚好，但须有志有恒，乃有成就耳。余于诗亦有工夫，恨当世无韩昌黎及苏、黄一辈人可与发吾狂言者。但人事太多，故不常作诗，用心思索，则无时敢忘之耳。

吾人只有“进德”“修业”两事靠得住。进德，则孝、弟、仁、义是也；修业，则诗、文、作字是也。此二者由我作主，得尺则我之尺也，得寸则我之寸也。今日进一分德，便算积了一升谷；明日修一分业，又算余了一文钱。德业并增，则家私日起。至于功名富贵，悉由命定，丝毫不能自主。昔某官有一门生为本省学政，托以两孙，当面拜为门生。后其两孙岁考[①]，临场大病，科考丁艰，竟不入学。数年后两孙乃皆入，其长者仍得两榜。此可见早迟之际，时刻皆有前定，尽其在我，听其在天，万不可稍生妄想。六弟天分较诸弟更高，今年受黜[②]，未免愤怨，然及此正可困心横虑，大加“卧薪尝胆”[③]之功，切不可因愤废学。

九弟劝我治家之法，甚有道理，喜甚慰甚。自荆七遣去之后，家中亦甚整齐，问率五归家便知。《书》曰：“非知之艰，行之维艰。”[④]九弟所言之理，亦我所深知者，但不能庄严威厉，使人望若神明耳。自此后，当以九弟言书诸绅而刻刻警省。

季弟信天性笃厚，诚如四弟所云“乐何如之”，求我示读书之法及进德之道，另纸开示。余不具。

国藩手草

注释

❶岁考：生员参加的一年一度的考试，以评定优劣、赏罚。

❷受黜：遭到处罚。

❸卧薪尝胆：谓刻苦自励。昔越王勾践兵败，栖于会稽，卧薪尝胆，以求报吴，卒兴越国。

❹“非知之艰，行之维艰”：懂得道理并不难，实际做起来就难了。

道光二十四年九月十九日

男国藩跪禀父母亲大人万福金安：

八月二十九日男发第十号信，备载二十八生女及率五回南事，不知已收到否？男身体平安。冢妇月内甚好，去年月里有病，今年尽除去。孙儿女皆好。

初十日顺天乡试发榜，湖南中三人，长沙周荇农中南元。原名康立。率五之归，本拟附家心斋处，因率五不愿坐车，故附陈岱云之弟处，同坐粮船。昨岱云自天津归，云船不甚好，男颇不放心，幸船上人多，应无可虑。

诸弟考试后，尽肄业[1]小罗巷庵，不知勤惰若何？此时惟季弟较小，三弟俱年过二十，总以看书为主。我境惟彭薄墅先生看书略多，自后无一人讲究[2]者，大抵为考试文章所误。殊不知看书与考试全不相碍，彼不看书者，亦仍不利考如故也。我家诸弟，此时无论考试之利不利，无论文章之工不工，总以看书为急。不然则年岁日长，科名[3]无成，学问亦无一字可靠，将来求为塾师而不可得。或经或史或诗集文集，每日总宜看二十页。男今年以来，无日不看书，虽万事丛忙，亦不废正业。

闻九弟意欲与刘霞仙同伴读书。霞仙近来见道甚有所得，九弟若去，应有进益。望大人斟酌行之，男不敢自主。此事在九弟自为定计，若愧奋直进，有破釜沉舟[4]之志，则远游不负；若徒悠忽因循[5]，则近处尽可度日，何必远行百里外哉？求大人察九弟之志而定计焉。余容续呈。

男谨禀

注释

❶肄业：修习学业。

❷讲究：指重视。

❸科名：科举考中而取得的功名。

❹破釜沉舟：项羽为救巨鹿，令全军皆沉船破釜甑，以示士卒无一还心。今用为有决心之喻。

❺因循：沿袭，照旧不改。

道光二十四年九月十九日

四位老弟足下：

自七月发信后未接诸弟信，乡间寄信较省城百倍之难，故余亦不望也。

九弟前信有意与刘霞仙同伴读书，此意甚佳。霞仙近来读朱子书，大有所见，不知其言语容止、规模气象何如？若果言动有礼，威仪可则[①]，则直以为师可也，岂特友之哉？然与之同居，亦须真能取益乃佳，无徒浮慕虚名。人苟能自立志，则圣贤豪杰，何事不可为？何必借助于人？“我欲仁，斯仁至矣。”我欲为孔、孟，则日夜孜孜，惟孔、孟之是学，人谁得而御[②]我哉？若自己不立志，则虽日与尧、舜、禹、汤同住，亦彼自彼，我自我矣，何与于我哉[③]？

去年温甫欲读书省城，吾以为离却[④]家门局促之地而与省城诸胜己者处，其长进当不可限量。乃两年以来，看书亦不甚多；至于诗文，则绝无长进，是又不得归咎于地方之局促也。去年余为择师丁君叙忠，后以丁君处太远，不能从，余意中遂无他师可从。今年弟自择罗罗山改文，而嗣后[⑤]杳无信息，是又不得归咎于无良友也。

日月逝矣！再过数年则满三十，不能不趁三十以前立志猛进也！余受父教，而余不能教弟成名，此余所深愧者！他人与余交，多有受余益者，而独诸弟不能受余之益，此又余所深恨者也。

今寄霞仙信一封，诸弟可抄存信稿而细玩之。此余数年来学思之力，略具大端[⑥]。

六弟前嘱余将所作诗录寄回，余往年皆未存稿，近年存稿者不过百余首耳，实无暇抄写，待明年将全本付回可也。

国藩草

注释

❶可则：可以作为准则。

❷御：抵挡、阻止。

❸何与于我哉：对我有何益处？

❹离却：离开。

❺嗣后：以后。

❻大端：主要的部分、主体。

道光二十四年十月二十一日

四位老弟足下：

前次回信，内有四弟诗，想已收到。九月家信有送率五诗五首，想已阅过。

吾人为学，最要虚心。尝见朋友中有美材者，往往恃才傲物，动谓人不如己，见乡墨[①]则骂乡墨不通，见会墨[②]则骂会墨不通；既骂房官[③]，又骂主考；未入学者，则骂学院。平心而论，己之所为诗文，实亦无胜人之处；不特无胜人之处，而且有不堪对人之处。只为不肯反求诸己，便都见得人家不是，既骂考官，又骂同考而先得者。傲气既长，终不进功，所以潦倒[④]一生而无寸进也。

余平生科名极为顺遂，惟小考七次始售[⑤]。然每次不进，未尝敢出一怨言，但深愧自己试场之诗文太丑而已。至今思之，如芒在背。当时之不敢怨言，诸弟问父亲、叔父及朱尧阶便知。盖场屋[⑥]之中，只有文丑而侥幸者，断无文佳而埋没者，此一定之理也。

三房十四叔非不勤读，只为傲气太胜，自满自足，遂不能有所成。京城之中亦多有自满之人，识者见之，发一冷笑而已。又有当名士者，鄙科名为粪土，或好作诗古，或好讲考据，或好谈理学，嚣嚣然[⑦]自以为压倒一切矣。自识者观之，彼其所造曾无几何，亦足发一冷笑而已。故吾人用功，力除傲气，力戒自满，毋为人所冷笑，乃有进步也。

诸弟平日皆恂恂[⑧]退让，第累年小试不售，恐因愤激之久，致生骄惰之气，故特作书戒之，务望细思吾言而深省焉。幸甚幸甚！

国藩手草

注释

❶乡墨：乡试的范文。

❷会墨：会试的范文。

❸房官：明清科学考试时分房阅卷的考官。

❹潦倒：落魄失意。

❺售：科举考中。

❻场屋：指科举的考场。

❼嚣嚣然：得意的样子。

❽恂恂（xúnxún）：谦恭谨慎貌。

道光二十四年十一月二十一日

四位老弟足下：

前日寄信，想已接到。余蒙祖宗遗泽、祖父教训，幸得科名，内顾无所忧，外遇无不如意，一无所觖[①]矣。所望者，再得诸弟强立，同心一力，何患令名之不显？何患家运之不兴？欲别立课程，多讲规条，使诸弟遵而行之，又恐诸弟习见而生厌心；欲默默而不言，又非长兄督责之道。是以往年常示诸弟以课程，近来则只教以"有恒"二字。所望于诸弟者，但将诸弟每月功课写明告我，则我心大慰矣。乃诸弟每次写信，从不将自己之业写明，乃好言家事及京中诸事。此时家中重庆[②]，外事又有我料理，诸弟一概不管可也。以后写信，但将每月作诗几首，作文几首，看书几卷，详细告我，则我欢喜无量。诸弟或能为科名中人，或能为学问中人，其为父母之令子[③]一也，我之欢喜一也。慎弗以科名稍迟，而遂谓无可自力也。如霞仙今日之身份，则比等闲之秀才高矣。若学问愈进，身份愈高，则等闲之举人、进士又不足论矣。

学问之道无穷，而总以有恒为主。兄往年极无恒，近年略好，而犹未纯熟。自七月初一起至今，则无一日间断，每日临帖百字，抄书百字，看书少亦须满二十页，多则不论。自七月起至今，已看过《王荆公[④]文集》百卷、《归震川[⑤]文集》四十卷、《诗经大全》二十卷、《后汉书》百卷，皆朱笔加圈批，虽极忙，亦须了本日功课，不以昨日耽搁而今日补做，不以明日有事而今日预做。诸弟若能有恒如此，则虽四弟中等之资，亦当有所成就，况六弟、九弟上等之资乎？

明年肄业之所，不知已有定否？或在家，或在外，无不可者。谓在家不可用功，此巧于卸责者也。吾今在京，日日事务纷冗，而犹可以不间断，况家中万万不及此间之纷冗乎？树堂、筠仙自十月起，每十日作文一首，每日看书十五页，亦极有恒。诸弟试将朱子《纲目》过笔圈点，定以有恒，不过数月即圈完矣。若看注疏，每经亦不过数月即完。切勿以家中有事而间断看书之课，又弗以考试将近而间断看书之课。虽走路之日，到店亦可看；考试之日，出场亦可看也。兄日夜悬望，独此“有恒”二字告诸弟，伏愿诸弟刻刻留心，幸甚幸甚。

兄国藩手草

注释

❶觖（jué）：不满。

❷重庆：旧时指祖父母、父母健在。

❸令子：好儿子。

❹王荆公：王安石被封为荆国公，人称王荆公。

❺归震川：归有光，号震川，明代著名文学家。

道光二十五年二月初一日

四位老弟足下：

去年十二月二十二日寄去书函，谅已收到。顷接四弟信，谓前信小注中误写二字，其诗比即付还，今亦忘其所误谓何矣。

诸弟写信，总云仓忙。六弟去年曾言城南寄信之难，每次至抚院赍奏厅[①]打听云云，是何其蠢也！静坐书院三百六十日，日日皆可写信，何必打听折差之行期而后动笔哉？或送至提塘，或送至岱云家，皆万无一失，何必问了无关涉之赍奏厅哉？若弟等仓忙，则兄之仓忙殆过十倍，将终岁无一字寄家矣。

送王五诗第二首，弟不能解，数千里致书来问，此极虚心，余得信甚喜。若事事勤思善问，何患不一日千里？兹另纸写明寄回。

家塾读书，余明知非诸弟所甚愿，然近处实无名师可从。省城如陈尧农、罗罗山皆可谓明师，而六弟、九弟又不善求益，且住省二年，诗文与字皆无大长进。如今我虽欲再言，堂上大人亦必不肯听。不如安分耐烦，寂处里闾[②]，无师无友，挺然特立，作第一等人物，此则我之所期于诸弟者也。昔婺源[③]汪双池先生一贫如洗，三十以前在窑上为人佣工画碗，三十以后读书，训蒙[④]到老，终身不应科举，卒著书百余卷，为本朝有数名儒。彼何尝有师友哉？又何尝出里闾哉？余所望于诸弟者，如是而已。然总不出乎“立志有恒”四字之外也。

买笔付回，刻下[⑤]实无妙便，须公车归乃可带回。大约府试、院试可得到，县试则赶不到也。诸弟在家作文，若能按月付至京，则余请树堂看，随到随改，不过两月，家中又可收到。书不详尽，余俟续具。

兄国藩手草

注释

❶赍奏厅：指传达室。赍，jī，送给、提携、拿。

❷里闾：里巷，乡里。闾：lǘ，里巷的大门，此处指家乡大门。

❸婺：wù。婺源，今江西县名。

❹训蒙：做塾师。

❺刻下：目前，眼下。

道光二十五年七月初一日

男国藩跪禀父母亲大人万福金安：

六月二十一日男发第八号家信，不审到否？中言头上生癣，身上生热毒云云，近日请医细看，头上亦非癣也，皆热毒耳。用生地[①]煮水常洗，或用熬浓汁厚涂患处即愈。现在如法洗涂，大有效验。盖本因血热而起，适当郁蒸天气而发，生地凉血而滋润，所以奏功。特此告知，望大人放心。

寓中大小平安。陈岱云之妾于二十二日到京。其幼子寄在男处养者，渠已于二十四日接归自养。同乡各家并皆如旧。李双圃先生象鹍[②]。由贵州藩台[③]进京，奉旨以三品京堂候补。虽在渠为左迁[④]，而湖南多一京官，亦自可喜。

今年考试，想四位老弟中必有入泮者。然世事正难逆料，万一皆不得售，则诸弟必牢骚抑郁、愤懑不平，此亦人之情也。如果郁忧，则问四弟、六弟、九弟三人中或有愿进京者，不妨来京一游，可以广耳目、豁心胸，可以叙兄弟之乐，亦男所甚望也。如诸弟不愿来，则不必强，恐其到京而急于思归也。如有一位入学者，则亦不必，恐家中既办印卷[⑤]，又办途费，银钱艰窘也。如皆不进而诸弟又甚愿来，则望大人张罗途费，毋阻其愤发之志而遏其抑郁之气，幸甚。如季弟[⑥]愿来，则须有一兄同来乃妥。

邓铁松病势日危，恐不复能回南。屡劝之勿服药，渠皆不听，今之病，皆药误之也。

去年大人教男写字不宜斜脚，男近日已力除此弊。自去年六月起，无论行楷大小字皆悬腕悬肘，是以力足而不精致，伏求大人教训。

男谨禀

注释

❶生地：指生地黄，一种中药材。

❷李双圃先生象鹍：指李象鹍，字云皋，号双圃，长沙人，清朝官员。鹍：kūn。

❸藩台：即布政使，主管一省之行政与财赋。

❹左迁：降职。

❺印卷：印刷考试之卷。

❻季弟：名国葆，字季洪，曾国藩五兄弟中年最幼者。官至知府，病卒金陵军次。谥“靖毅”。

道光二十六年三月二十五日

男国藩跪禀父母亲大人万福金安：

上次男写信略述癣病情形，有不去考差之意。近有一张姓医，包一个月治好，偶试一处，居然有验。现在赶紧医治，如果得好，男仍定去考差，若不愈，则不去考差。总之，考与不考，皆无关紧要。考而得之，不过多得钱耳。考而不得，与不考同，亦未必不可支持度日。每年考差三百余人，而得差者通共不过七十余人，故终身翰林累次考差而不得者，亦常有也，如我邑邓笔山、罗九峰[1]是已。男只求平安，伏望堂上大人勿以得差为望。

四弟已写信言男病，男恐大人不放心，故特书此纸。

男谨禀

注释

❶罗九峰：名国俊，湖南湘乡人，官至礼部左侍郎，尚气节耻奔竞，有《馆课存余集》。

道光二十六年九月十九日

男国藩跪禀父母亲大人万福金安：

九月十七日接读第五、第六两号家书，喜堂上各老人安康，家事顺遂，无任欢慰！

男今年不得差，六弟乡试不售，想堂上大人不免内忧，然男则正以不得为喜。盖天下之理，满则招损，亢则有悔[①]，日中则昃[②]，月盈则亏，至当不易之理也。男毫无学识而官至学士，频邀非分之荣，祖父母、父母皆康强，可谓极盛矣。现在京官翰林中无重庆下者，惟我家独享难得之福。是以男栗栗[③]恐惧，不敢求分外之荣，但求堂上大人眠食如常，阖家平安，即为至幸。万望祖父母、父母、叔父母无以男不得差、六弟不中为虑，则大慰矣。况男三次考差，两次已得；六弟初次下场，年纪尚轻，尤不必挂心矣。

同县黄正斋，乡试当外帘[④]差，出闱[⑤]即患痰病，时明时昏，近日略愈。男癣疾近日大好，头面全看不见，身上亦好了九分。十八生女，男妇极平安，惟体太弱，满月当大补养。在京一切，男自知谨慎。

八月二十三日，折差处发第十四号信。二十七日，周缦[⑥]云处寄寿屏，发十五号信。九月十二日，善化郑七处寄诰封卷六十本，发第十六号信，均求查收。

男谨禀

注释

❶亢：过也。悔：改也。

❷昃：太阳西斜。

❸栗栗：颤抖。

❹外帘：指在科举考试中担任弥封收掌、监试提调等职的官吏。

❺出闱：科举考试结束后考生离开试院。

❻缦：màn。

道光二十七年丁未正月十七日

孙男国藩跪禀祖父大人万福金安：

去年十二月十七发第二十二号信并挽联一包、朱心泉诰命一轴，交徐玉山太守带交萧辛五处，想三月可到。又于二十日发第二十三号家信交折弁，想二月可到。新正十五日接到家中十一月十九所发信，敬悉大人之病已愈大半，不知近日得全愈否？孙去冬信言须参用化痰之药，不知可从否？

祖母已于十二月初十安葬，甚好！甚好！但孙有略不放心者，孙幸蒙祖父福佑，忝[1]居卿大夫之末，则祖母坟茔必须局面宏敞，其墓下拜扫之处须宽阔，其外须建立诰封牌坊，又其外须立神道碑[2]。木斗冲规模隘小，离河太近，无立牌坊与神道碑之地，是以孙不甚放心。意欲从容另寻一地，以图改葬，不求富贵吉祥，但求无水蚁，无凶险，面前宏敞而已。不知大人以为何如？若可，则家中在近境四十里内从容寻地可也。余俟续具。

孙谨禀

注释

❶忝：愧领、愧受。

❷神道碑：立于墓道前记载死者生平事迹的石碑。

道光二十七年正月十八日

男国藩跪禀父母亲大人礼次：

正月十五日接到父亲、叔父十一月二十所发手书，敬悉一切。但折弁于腊月二十八在长沙起程，不知四弟何以尚未到省？

祖母葬地，易敬臣之说甚是。男去冬已写信与朱尧阶，请渠寻地。兹又寄书与敬臣，尧阶看妥之后，可请敬臣一看，以尧阶为主，而以敬臣为辅。尧阶看定后，若毫无疑义，不再请敬臣可也；若有疑义，则请渠二人商之。男书先寄去，若请他时，四弟再写一信去。男有信禀祖父大人，不知祖父可允从否？若执意不听，则遵命不敢违拗，求大人相机而行。

大人念及京中恐无钱用，男在京事事省俭，偶值缺乏之时，尚有朋友可以通挪。去年家中收各项约共五百金，望收藏二百勿用，以备不时之需。丁、戊二年不考差，恐男无钱寄回。男在京用度自有打算，大人不必挂心。此间情形，四弟必能详言之。

家中办丧事情形，亦望四弟详告。共发孝衣几十件？飨祭[①]几堂？远处来吊者几人？一一细载为幸。

男身体平安。一男四女痘后俱好。男妇亦如常。闻母亲想六弟回家，叔父信来，亦欲六弟随公车南旋[②]。此事须由六弟自家作主，男不劝之归，亦不敢留。

家中诸务浩繁，四弟可一人经理[③]；九弟、季弟必须读书，万不可耽搁也。九弟、季弟亦万不可懒散自弃。去年江西之行，已不免为人所窃笑，以后切不可轻举妄动，只要天不管地不管，伏案用功而已。男在京时时想望[4]者，只望诸弟中有一发愤自立之人，虽不得科名，亦是男的大帮手。万望家中勿以琐事耽搁九弟、季弟，亦望两弟鉴我苦心，结实用功也。

男之癣疾近又小发，但不似去春之甚耳。同乡各家如常。刘月槎已于十五日到京。余俟续呈。

男谨禀

注释

❶飨祭：宴飨祭祀。

❷南旋：南归。

❸经理：打理。

❹想望：盼望。

道光二十七年三月初十日

男国藩跪禀父母亲大人膝下：

昨初九日巳刻接读大人示谕及诸弟信，借悉一切。祖父大人之病已渐愈，不胜祷祝，想可由此而全愈也。男前与朱家信，言无时不思乡土，亦久宦之人所不免，故前次家信亦言之。今既承大人之命，男则一意服官[①]，不敢违拗，不作是想矣。

昨初六日派总裁房差，同乡惟黄恕皆[②]一人。单另列，初八日题目亦另列。男今年又不得差，则家中气运不致太宣泄，祖父大人之病必可以速愈，诸弟今年或可以入学，此盈虚自然之理也。

男癣病虽发，不甚狠，近用蒋医方朝夕治之。渠言此病不要紧，可以徐愈。治病既好，渠亦不要钱，两大人不必悬念。男妇及华男、孙男女身体俱好，均无庸挂虑。男等所望者，惟祖父大人病之速愈，暨两大人之节劳，叔母目疾速愈，俾叔父宽怀耳。余容另禀。

注释

①服官：为官、做官。

②黄恕皆：名倬，官至吏部侍郎，著有《诗韵辨字略》。

道光二十七年六月二十七日

澄侯、子植、季洪三弟足下：

自四月二十七日得大考谕旨以后，二十九日发家信，五月十八又发一信，二十九又发一信，六月十八又发一信，不审俱收到否？二十五日接到澄弟六月一日所发信，具悉一切，欣慰之至。

发卷所走各家，一半系余旧友，惟屡次扰人，心殊不安。我自从己亥年在外把戏[①]，至今以为恨事。将来万一作外官，或督抚，或学政，从前施情于我者，或数百，或数千，皆钓饵也。渠若到任上来，不应则失之刻薄，应之则施一报十，尚不足以满其欲。故兄自庚子到京以来，于今八年，不肯轻受人惠，情愿人占我的便益，断不肯我占人的便益。将来若作外官，京城以内无责报于我者。澄弟在京年余，亦得略见其概矣。此次澄弟所受各家之情，成事不说，以后凡事不可占人半点便益，不可轻取人财。切记切记！

彭十九家姻事，兄意彭家发泄将尽，不能久于蕴蓄，此时以女对渠家，亦若从前之以蕙妹定王家也。目前非不华丽，而十年之外，局面亦必一变。澄弟一男二女，不知何以急急定婚若此？岂少缓须臾，即恐无亲家耶？贤弟行事多躁而少静，以后尚期三思。儿女姻缘，前生注定，我不敢阻，亦不敢劝，但嘱贤弟少安无躁而已。

成忍斋府学[②]教授，系正七品，封赠一代，敕命二轴。朱心泉县学教谕[③]，系正八品，仅封本身，父母则无封。心翁之父母乃貤封也[4]。家中现有《措绅》[5]，何不一翻阅？牧云一等，汪三入学，皆为可喜。啸山教习，容当托曹西垣一查。

京寓中大小平安。纪泽读书已至“宗族称孝焉”，大女儿读书已至“吾十有五”。前三月买驴子一头，顷赵炳堃又送一头。二品本应坐绿呢车，兄一切向来简朴，故仍坐蓝呢车。寓中用度比前较大，每年进项亦较多。每年俸银三百两，饭银一百两。其他外间进项尚与从前相似。

同乡诸人皆如旧。李竹屋在苏寄信来，立夫先生许以干馆。余不一一。

兄国藩手草

注释

❶把戏：逢场作戏。

❷府学：古代府级行政区设立的官办学校。其负责人称为“教授”。

❸教谕：明清时期县学的教官。

❹ 驰：yì，移动。驰封：指官员以自身所受封爵，请求改授给直系亲属。

❺《措绅》：清时载京外职官姓氏及里居者，谓之《措绅录》。

道光二十七年七月十八日

男国藩跪禀父母亲大人膝下：

十六夜接到六月初八日所发家信，欣悉一切。祖父大人病已十愈八九，尤为莫大之福。六月二十八日曾发一信，言升官事，想已收到。

冯树堂六月十七日出京，寄回红顶、补服、袍褂、手钏、笔等物，计八月可以到家。贺礼耕七月初五日出京，寄回鹿胶、高丽参等物，计九月可以到家。

四弟、九弟信来，言家中大小诸事皆大人躬亲之，未免过于劳苦。勤俭本持家之道，而人所处之地各不同，大人之身，上奉高堂，下荫儿孙，外为族党乡里所模范，千金之躯，诚宜珍重。且男忝窃卿贰，服役已兼数人，而大人以家务劳苦如是，男实不安于心。此后万望总持大纲，以细微事付之四弟。四弟固谨慎者，必能负荷，而大人与叔父大人惟日侍祖父大人前，相与娱乐，则万幸矣。

京寓大小平安。一切自知谨慎，堂上各位大人不必挂念。余容另禀。

道光二十七年七月十八日

四弟、九弟、季弟足下：

六月二十八日发第九号家信，想已收到。七月以来，京寓大小平安。癣疾虽头面微有痕迹，而于召见已绝无妨碍，从此不治，听之可也。

丁士元散馆，是诗中“皓月”误写“浩”字，胡家玉[①]是赋中“先生”误写“先王”。李竹屋今年在我家教书三个月，临行送他俸金，渠坚不肯受。其人知情知义，予仅送他褂料、被面等物，竟未送银。渠出京后来信三次，予有信托立夫先生为渠荐馆。昨立夫先生信来，已请竹屋在署教读矣。可喜可慰！耦庚先生革职，同乡莫不嗟叹。而渠屡次信来，绝不怪我，尤为可感可敬！《岳阳楼记》大约明年总可寄到家中。《五种遗规》四弟须日日看之，句句学之。我所望于四弟者，惟此而已。

家中蒙祖父厚德余荫，我得忝列卿贰，若使兄弟妯娌[②]不和睦，后辈子女无法则，则骄奢淫佚，立见消败，虽贵为宰相，何足取哉？我家祖父、父亲、叔父三位大人规矩极严，榜样极好，我辈踵而行之，极易为力。别家无好榜样者，亦须自立门户，自立规条，况我家祖父现样，岂可不遵行之而忍令堕落之乎？现在我不在家，一切望四弟作主。

兄弟不和，四弟之罪也；妯娌不睦，四弟之罪也；后辈骄恣不法，四弟之罪也。我有三事奉劝四弟：一曰勤，二曰早起，三曰看

《五种遗规》。四弟能信此三语，便是爱兄敬兄；若不信此三语，便是弁髦[3]老兄。我家将来气象之兴衰，全系乎四弟一人之身。六弟近来气性极和平，今年以来未曾动气，自是我家好气象。惟兄弟俱懒，我以有事而懒，六弟无事而亦懒，是我不甚满意处。若二人俱勤，则气象更兴旺矣。

吴、彭两寿文及《小四书序》、王待聘之父母家传，俱于八月付回，大约九月可到。袁漱六[4]处，予意已定将长女许与他，六弟已当面与他说过几次矣，想堂上大人断无不允。予意即于近日订庚，望四弟禀告堂上。陈岱云处姻事，予意尚有迟疑，前日四弟信来，写堂上允诺欢喜之意，筠仙已经看见，比书信告岱云矣。将来亦必成局，而予意尚有一二分迟疑。岱云丁艰[5]，余拟送奠仪，多则五十，少则四十，别有对联之类，家中不必另致情也。余不尽言。

兄国藩手草

注释

❶胡家玉：江西新建人，道光进士，官至左都御使，曾请设外洋水师。

❷妯娌：兄弟之妻相呼也。

❸弁髦：谓无用之物也。《左传》：“岂如弁髦而因以敝之。”

❹袁漱六：名芳瑛，湘潭人，道光进士，官知府，有卧雪楼，藏书甚富。

❺丁艰：即丁忧，旧称遭父母之丧。

道光二十七年十二月初六日

男国藩跪禀父母亲大人万福金安：

十二月初五接到家中十一月初旬所发家信，具悉一切。男等在京身体平安。男癣疾已全愈，六弟体气如常，纪泽兄妹五人皆好，男妇怀喜平安，不服药。同乡各家亦皆无恙。陈本七先生来京，男自有处置之法，大人尽可放心。大约款待从厚，而打发从薄。男光景颇窘，渠来亦必自悔。

九弟信言母亲常睡不着，男妇亦患此病，用熟地、当归蒸母鸡食之，大有效验，九弟可常办与母亲吃。乡间鸡肉、猪肉最为养人，若常用黄芪、当归等类蒸之，略带药性而无药气，堂上五位大人食之，甚有益也。望诸弟时时留心办之。

老秧田背后三角丘是竹山湾至我家大路，男曾对四弟言及，要将路改于塅下，在檀山嘴那边架一小桥，由豆土排上横穿过来。其三角丘则多栽竹树，上接新塘塅大枫树，下接檀山嘴大藤，包裹甚为完紧，我家之气更聚。望堂上大人细思，如以为可，求叔父于明春栽竹种树；如不可，叔父写信示知为幸。

男等于二十日期服已满，敬谨祭告，二十九日又祭告一次。余俟续具。

道光二十八年六月十七日

澄侯、子植、季洪三弟左右：

五月二十四发第八号家信，由任梅谱手寄去；高丽参二两、回生丸一颗、眼药数种、膏药四百余张，并白菜、大茄种，用大木匣即去年寄镜来京之匣。盛好寄回，不知已收到否？

六月十六日接到家信，系澄侯五月初七在县城所发，具悉一切。月内京寓大小平安。予癣疾上身已好，惟腿上未愈。六弟在家已一月，诸事如常。内人及儿女辈皆好。郭雨三[①]之大女许配黄茀卿之次子，系予作伐柯人[②]，亦因其次女欲许余次子，故并将大女嫁湖南。此婚事似不可辞，不知堂上大人之意云何？

澄侯在县和八都官司，忠信见孚[③]于众人，可喜之至。朱岚轩之事，弟虽二十分出力，尚未将银全数取回。渠若以钱来谢，吾弟宜斟酌行之，或受或不受，或辞多受少，总以不好利为主。此后近而乡党，远而县城、省城，皆靠澄弟一人与人相酬酢[④]。总之不贪财、不失信、不自是，有此三者，自然鬼服神钦，到处人皆敬重。此刻初出茅庐，尤宜慎之又慎！若三者有一，则不为人所与矣。

李东崖先生来信要达天听[⑤]，予置之不论；其诰轴则杜兰溪即日可交。李笔峰、刘东屏先生常屈身讼庭，究为不美。澄弟若见之，道予寄语，劝其“危行言孙，蠖屈存身[⑥]”八字而已。

墓石之地，其田野颇为开爽。若过墓石而至胡起三所居一带尤宽敞。予喜其扩荡眼界，可即并田买之，要钱可写信来京。凡局面不开展、眼鼻攒集之地，予皆不喜，可以此意告尧阶也。

何子贞于六月十二丧妻，今年渠家已丧三人，家运可谓乖舛⑦。季弟考试万一不得，亦不必牢骚。盖予既忝窃侥幸，九弟去年已进，若今年又得，是极盛，则有盈满之惧，亦可畏也。同乡诸家一切如常。凌笛舟近已移居胡光伯家，不住我家矣。书不十一，余俟续具。

兄国藩手草

注释

❶郭雨三：名沛霖，湖北蕲水人，官淮阳道，坐事革职，充定远军营文案，捻军攻定远，城陷巷战死。有《日知堂文集》。

❷伐柯人：即媒人。

❸见孚：取信于人。

❹酬酢：应酬。

❺达天听：禀奏皇上。

❻危行言孙：《论语》："邦无道，危行言孙。"蠖屈：《易传·系辞下》："尺蠖之屈，以求信也。"

❼乖舛：不须遂。

道光二十八年十一月十四日

澄侯、子植、季洪三弟左右：

十月十九温甫弟出京。二十日吾发第十五号家信，不知此时收到否？吾目疾尚未全好，此次尚不能写信呈堂上，故仍以书告诸弟。

前九月十八蒙皇上天恩，派稽察中书科事务。十月初二一信，因恐张楠皆到迟，故未写。二十日一信，因六弟出京，诸事仓皇，又忘写也。稽察中书科，向系于阁学四人中钦派一人，只算差使，不算升官。其属员有中书六人、笔帖式八人。其所管之事为册封诰命。凡封亲王用金册，封郡王用银册，封贝勒、贝子[①]以下用龙边笺册，封镇国公以下及文武五品以上官俱用诰命，六品以下俱用敕命，以上皆在中书科缮写。予于十八日奉旨派出，十九日具折谢恩。兹将原折寄回，系在圆笔帖式所写，故字甚丑。

前六弟归时，予曾寄母亲零用银五两，内人寄岳母零用银二两。因思予在京多年，并未寄零钱与婶母使用，且四位弟妇买棉买麻，亦极窘迫。嗣后每年予所寄亲族银内，当添母亲、婶母零用钱各四千，四位弟妇零用钱各三千，每年共二十千。今年张楠皆处银到，澄弟即将各亲族处照单分送，又将婶母四千。及四位弟妇各三千。零用钱分送。母亲今年已有银五两，不必再送。以后每年照今年为例。

上半年春俸，予寄五六十两归，以为家中用度。其有不足，望家中设法张罗。下半年秋俸，予寄五六十两归，以为各亲族帮项及母亲、婶母、四位弟妇零用之项。去年所开之单，记共八十千，若添家中此项，则共百千矣。不知须银多少？乞澄弟告知。予之寄以今年为常规，家中所送亲族者，亦望于今年举行定例。惟孟学公之子孙赴考者，今年在省，不知曾送给否？若未送，望按名补送，以为买笔之需，至要至要！一切万祈照单施行。

予身体平安，家中大小皆如常。纪泽[2]读书已读至《太甲上》。同乡孙鳌洲已到京。余并如故。昨日放定郡王、载铨。季仙九[3]先生至天津办盐务，又放耆英、朱凤标至山东办盐务。十一日刑部主事朱寿康、系朱伯韩之胞弟。户部主事袁铨、广西提塘李鹏飞俱因在娼家饮酒，提督府锁拿交刑部治罪。十月宝中堂兴[4]。殁。昨耆英授大学士，琦善仍得协办。余容后具。

国藩草

注释

❶贝勒、贝子：皆清代封爵，位在镇国公之上。

❷纪泽：即甲三，字劼刚。袭一等毅勇侯，官至户部左侍郎，历使英、法、俄等国，有功于新疆甚大。卒谥“惠敏”。

❸季仙九：名芝昌，江苏江阴人。以编修擢仓场侍郎，厘剔盐务，清查仓库，尽得要领，于人无所乖忤。官至闽浙总督。

❹宝兴：满洲镶黄旗人，字见山。天理教林清遣其党突袭紫禁城时，兴适下直，返入乾清门告警，因得即时歼灭。官至大学士。卒谥“文庄”。

道光二十八年十二月初十日

澄侯、温甫、子植、季洪四弟左右：

十一月十四发第十四号家信，不知收到否？

十二月初九接到家中十月十二一信、内有药酒。十一月初一日一信、初十日一信，具悉一切。家中改屋，有与我意见相同之处。我于前次信内曾将全屋画图寄归，想已收到。家中既已改妥，则不必依我之图矣。但三角丘之路必须改于檀山嘴下，而于三角丘密种竹木，此我画图之要，嘱望诸弟禀告堂上，急急行之。家中改房亦有与我意不合者，已成不必再改。但六弟房改在炉子内，此系内外往来之屋，欲其通气，不欲其闭塞，余意以为必不可，不若以长横屋上半节间断作房为妥。连间两隔，下半节作横屋客坐，中间一节作过道，上半节作房。内茅房在石柱屋后，亦嫌太远，不如于季洪房外高磡[1]打进去七八尺，即旧茅房沟对过之磡，若打进丈余，则与上首栗树处同宽。既可起茅房、澡堂，而后边地面宽宏，家有喜事，碗盏菜货亦有地安置，不至局促，不知可否？

家中丽参已完，明春得便即寄。彭十九之寿屏亦准明春寄到。此间事务甚多，我又多病，是以迟迟。澄弟办贼，甚快人心！然必使其亲房人等知我家是图地方安静，不是为一家逞势张威，庶人人畏我之威，而不恨我之太恶。贼既办后，不特[2]面上不可露得意之声色，即心中亦必存一番哀矜[3]的意思，诸弟人人当留心也。

罗芸皋坐东皋，求我援引[4]，此刻想已无及矣。我想写一信与师令及伍府尊，此次又赶不及。且如何援引之法，须写信告我。渠前年存银二十二两在我处，昨托张楠皆带交还渠。张言途中要借用，我已答应，嘱渠到家即办交邵阳彭筱房转寄芸皋，并作书告筱房矣，明春可问芸皋看收到否？徵一表叔在我家教读，甚好。此次未写信请安，诸弟为我转达。张豆付和尚之称如此。写信寄南，殊为可恶！我付之不理，若并未接到此信者然，渠亦无如之何。同乡周荇农家之鲍石卿，前与六弟交游，近因在妓家饮酒，十一月初六日荇农之母生日，席散鲍即出游。提督府捉交刑部，革去供事。而荇农、荻舟尚游荡不畏法，真可怪也。

余近日常有目疾，余俱康泰，内人及二儿四女皆平安，小儿甚胖大。西席⑤庞公拟十一回家，正月半来，将请李笔峰代馆。宋芗宾在道上扑跌断腿，宋有与六弟信。五十余天始抵樊城，大可悯也。余不一一。

国藩手草

注释

❶高磡：突起的土石堆。

❷不特：不但。

❸哀矜：哀怜。

❹援引：帮忙引荐。

❺西席：古代宾主相见，以西为尊，主东而宾西。后因称家塾的教师或幕友为“西席”。

道光二十九年三月二十一日

澄侯、温甫、子植、季洪足下：

正月初十日发第一号家信，二月初八日发第二号家信，报升任礼部侍郎之喜，二十六日发第三号家信，皆由折差带寄。三月初一日由常德太守乔心农处寄第四号信，计托带银七十两、高丽参十余两、鹿胶二斤、一品顶带三枚、补服五付等件。渠由山西迂道转至湖南，大约须五月端午前后乃可到长沙。

予尚有寄兰姊、蕙妹及四位弟妇江绸棉外褂各一件，仿照去年寄呈母亲、叔母之样。前乔心农太守行时不能多带，兹因陈竹伯新放广西左江道，可于四月出京，拟即托渠带回。澄弟《岳阳楼记》亦即托竹伯带回家中。

二月初四澄弟所发之信，三月十八接到。正月十六七之信，则至今未接到。据二月四日书云，前信着刘一送至省城，共二封，因欧阳家、邓星阶、曾厨子各有信云云。不知两次折弁，何以未见带到？温弟在省时曾发一书与我，到家后未见一书，想亦在正月一封之中。此书遗失，我心终耿耿[1]也。

温弟在省所发书，因闻澄弟之计，而我不为揭破，一时气忿，故语多激切不平之词。予正月复温弟一书，将前后所闻温弟之行不得已禀告堂上，及澄弟、植弟不敢禀告而误用诡计之故一概揭破。温弟骤看此书，未免恨我。然兄弟之间，一言欺诈，终不可久；尽行揭破，虽目前嫌其太直，而日久终能相谅。现在澄弟书来，言温弟鼎力办事，甚至一夜不寐，又不辞劳，又耐得烦云云。我闻之欢喜之至！感激之至！温弟天分本高，若能改去荡佚[②]一路，归入勤俭一边，则兄弟之幸也，合家之福也。我待温弟似乎近于严刻，然我自问此心尚觉无愧于兄弟者，盖有说焉。

大凡做官的人，往往厚于妻子[③]而薄于兄弟，私肥于一家而刻薄于亲戚族党。予自三十岁以来，即以做官发财为可耻，以宦囊积金遗子孙为可羞可恨，故私心立誓，总不靠做官发财以遗后人。神明鉴临，予不食言。此时侍奉高堂，每年仅寄些须，以为甘旨之佐。族戚中之穷者，亦即每年各分少许，以尽吾区区之意。盖即多寄家中，而堂上所食所衣，亦不能因而加丰；与其独肥一家，使戚族因怨我而并恨堂上，何如分润戚族，使戚族戴我堂上之德而更加一番钦敬乎？将来若作外官，禄入较丰，自誓除廉俸之外不取一钱。廉俸若日多，则周济亲戚族党者日广，断不蓄积银钱为儿子衣食之需。盖儿子若贤，则不靠宦囊亦能自觅衣饭；儿子若不肖，则多积一钱，渠将多造一孽[④]，后来淫佚作恶，且必大玷[⑤]家声。故立定此志，决不肯以做官发财，决不肯留银钱与后人。若禄入较丰，除堂上甘旨[⑥]之外，尽以周济亲戚族党之穷者，此我之素志也。

至于兄弟之际，吾亦惟爱之以德，不欲爱之以姑息。教之以勤俭，劝之以习劳守朴，爱兄弟以德也；丰衣美食，俯仰如意，爱兄弟以姑息也。姑息之爱，使兄弟惰肢体，长骄气，将来丧德亏行，是即我率兄弟以不孝也，吾不敢也。

我仕宦十余年，现在京寓所有惟书籍、衣服二者。衣服则当差者必不可少，书籍则我生平嗜好在此，是以二物略多。将来我罢官归家，我夫妇所有之衣服，则与五兄弟拈阄[⑦]均分；我所办之书籍，则存贮利见斋中，兄弟及后辈皆不得私取一本。除此二者，予断不别存一物以为宦囊，一丝一粟不以自私，此又我待兄弟之素志也。

恐温弟不能深谅我之心，故将我终身大规模告与诸弟，惟诸弟体察而深思焉。

去年所寄亲戚各项，不知果照单分送否？杜兰溪为我买《皇清经解》[8]，不知植弟已由省城搬至家中否？

京寓一切平安。纪泽《书经》读至《冏命》。二儿甚肥大。易南谷开复原官，来京引见，闻左青士亦开复矣。同乡官京中者诸皆如常。余不一一。

兄国藩手草

注释

❶耿耿：意难平也。

❷荡佚：放纵。

❸妻子：老婆孩子。

❹孽：恶因也。

❺玷：辱也。

❻甘旨：指生活所需。

❼阄：jiū，取也。拈阄：暗书纸卷以卜可否者曰拈阄。

❽《皇清经解》：即《清经解》，是清代阮元编辑的经学丛书。

道光二十九年六月十四日

澄侯、温甫、子植、季洪四位老弟足下：

五月二十四发家书第九号，不知已收到否？

六月初二日又发家书第十号交折弁，想已收到矣。昨十三日折弁又到，两次皆无来信，盼望之至！

六月以来，京师大雨极多，人多有病。寓中如予及内人儿子皆略腹泻，幸数日即愈。闻江南大水，今年乡试必须改期，现尚未见奏明。

予今年考差，颇望得江西主考，冀家中亲属可就至江西一叙天伦之乐。昨田敬堂得放江西试差[①]，而我私愿不遂。南望家山，远怀堂上，真不知仕宦之略有何味也！

现在祖父大人之病数月不接音信，不知何处耽延，想澄弟必发有数次信矣。

山西巡抚王西舶，兆琛。钦差大臣陈孚恩、福济[②]审出各款，拟定发往新疆，皇上未允，严旨解交刑部，会同军机再行鞫审[③]。兹将御史原参折子付回，足见仕宦者一不自慎，身败名裂。而去年梁星舫萼涵。中丞果得蒙恩湔雪[④]，褒其廉正，君子终乐得为君子也。

庞省山之兄来京乡试，住圆通观，自起火食。[⑤]

唐镜丈之世兄住黄苐卿家。余来乡试者，同乡无几。书不十一，统俟续布。

兄国藩手草

注释

❶试差：朝廷派遣的负责乡试的官员。

❷陈孚恩：字子鹤，江西新城人，以拔贡官至吏部尚书，寻以党附载垣夺职，戍伊犁。伊犁陷，死之。福济：满洲镶白旗人，以进士擢安徽巡抚，后官乌里雅苏台将军。

❸鞫审：jūshěn，即审问。

❹湔，jiān。湔雪：洗刷、洗雪。

❺火食：举火煮饭。

道光二十九年七月十五日

澄侯、温甫、子植、季洪四位老弟足下：

七月十三日接到澄弟六月初七所发第九号家信，具悉一切。吾于六月共发四次信，不知俱收到否？今年陆费中丞丁忧，闰四月无折差到，故自四月十七发信后，直至五月中旬始再发信，宜家中悬望也。

祖父大人之病日见增加，远人闻之，实深忧惧。前六月二十日所付之鹿茸片，不知何日可到？亦未知可微有功否？

予之癣病，多年沉痼[①]，赖邹墨林举黄芪附片方，竟得全愈。内人六月之病亦极沉重，幸墨林诊治，遂得化险为夷，变危为安。同乡找墨林看病者甚多，皆随手立效。墨林之弟岳屏四兄今年曾到京，寓元通观。其医道甚好，现已归家。予此次以书附墨林家书内，求岳屏至我家诊治祖父大人，或者挽回万一，亦未可知。岳屏人最诚实而又精明，即周旋不到，必不见怪。家中只须打发轿夫大钱二千，不必别有所赠送。渠若不来，家中亦不必去请他。

乡间之谷贵至三千五百，此亘古未有者，小民何以聊生？吾自入官以来，即思为曾氏置一义田，以赡救[②]孟学公以下贫民；为本境[③]置义田，以赡救二十四都贫民。不料世道日苦，予之处境未裕。无论为京官者自治之不暇，即使外放，或为学政，或为督抚，而如今年三江两湖之大水灾，几于鸿嗷半天下，为大官者，更何忍于廉俸之外多取半文乎？是义田之愿，恐终不能偿。然予之定计，苟仕宦所入，每年除供奉堂上甘旨外，或稍有赢余，吾断不肯买一亩田，积一文钱，必皆留为义田之用。此我之定计，望诸弟皆体谅之。

今年我在京用度较大，借账不少。八月当为希六及陈体元捐从九品，九月榜后可付照回，十月可到家。十一月可向渠两家索银，大约共须三百金。我付此项回家，此外不另付银也。

率五在永丰有人争请，予闻之甚喜，特书手信与渠，亦望其忠信成立耳。纪鸿④已能行走，体甚壮实。同乡各家如常。同年毛寄云于六月二十八日丁内艰。陈伟堂相国于七月初二仙逝，病系中痰，不过片刻即殁。江南、浙江、湖北皆展于九月举行乡试；闻江南水灾尤甚，恐须再展至十月。各省大灾，皇上焦劳，臣子更宜忧惕⑤之时，故一切外差皆绝不萌妄想，望家中亦不必悬盼。书不详尽。

兄国藩手草

注释

❶沉痼：顽固难治的病。

❷赡救：周济救助。

❸本境：本地，指湖南老家。

❹纪鸿：字栗诚，纪泽弟，钦赏举人。与兄并精数学，有《对数详解》等书。

❺惕：敬也，惧也。

咸丰元年四月初三日

澄侯、温甫、子植、季洪四位老弟左右：

三月初四日此间发第三号家信交折弁，十二日发第四号信交魏亚农，又寄眼药、鹅毛筒及硇砂[①]膏药共一包，计可于五月收到。季洪三月初六所发第三号信于四月初一收到。邓升六爷竟尔仙逝，可胜伤悼！如有可助恤之处，诸弟时时留心，此不特戚谊，亦父大人多年好友也。

乡里凶年赈助之说，予曾与澄弟言之。若逢荒歉之年，为我办二十石谷，专周济本境数庙贫乏之人。自澄弟出京之后，予又思得一法，如朱子社仓[②]之制，若能仿而行之，更为可久。朱子之制：先捐谷数十石或数百石贮一公仓内，青黄不接之月借贷与饥民，冬月取息二分收还，每石加二斗。若遇小歉[③]，则蠲其息之半，每石加一斗。大凶年则全蠲[④]之，借一石，还一石。但取耗谷三升而已。朱子此法行之福建，其后天下法之，后世效之，今各县所谓社仓谷者是也。其实名存实亡，每遇凶年，小民曾不得借贷颗粒，且并社仓而无之，仅有常平仓谷[⑤]，前后任尚算交代，小民亦不得过而问焉。盖事经官吏，则良法美政，后皆归于子虚乌有。

国藩今欲取社仓之法而私行之我境，我家先捐谷二十石，附近各富家亦劝其量为捐谷，于夏月借与贫户，秋冬月取一分息收还。每石加一斗。丰年不增，凶年不减。凡贫户来借者，须于四月初间告知。经管社仓之人经管量谷之多少，分布于各借户，令每人书券一纸，冬月还谷销券。如有不还者，同社皆理斥，议罚加倍。以后每年我家量力添捐几石，或有地方争讼，理曲者罚令量捐社谷少许。每年增加，不过十年可积至数百石，则我境可无饥民矣。盖夏月谷价昂贵，秋冬价渐平落，数月之内，一转移之间，而贫民已大占便宜，受惠无量矣。吾乡昔年有食双谷者，此风近想未息。若行此法，则双谷之风可息。前与澄弟面商之，说我家每年备谷救地方贫户。细细思之，施之既不能及远，行之又不可以久，且其法止能济下贫乞食之家，而不能济中贫体面之家。不若社仓之法，既可以及于远，又可以贞于久，施者不甚伤惠，取者又不甚伤廉，即中贫体面之家亦可以大享其利。本家如任尊、楚善叔、宽五、厚一各家，亲戚如宝田、腾七、宫九、荆四各家，每年得借社仓之谷，或亦不无小补。澄弟务细细告之父大人、叔父大人，将此事于一二年内办成，实吾乡莫大之福也。我家捐谷，即写曾呈祥、曾呈材双名，头一年捐二十石，以后每年或三石，或五石，或数十石。地方每年有乐捐者，或多或少不拘，但至少亦须从一石起。吾思此事甚熟，澄弟试与叔大人细思之，并禀父亲大人，果可急于施行否？近日即以回信告我。

京寓大小平安。保定所发家信，三月末始到。赛中堂⑥于初九日出京赴广西。考差在四月十四。同乡林昆圃于三月中旬作古，予为之写知单，大约可得百金。熊秋佩丁外艰。余无他事。予前所寄折稿，澄弟可抄一分交彭筿房，并托转寄江岷樵⑦；抄一分交刘霞仙，并托转寄郭筠仙。

赛中堂视师广西，带小钦差七十五人，京兵二百四十名，京炮八十八尊，抬枪四十杆，铅子万余斤，火药数千斤，沿途办差，实为不易。粤西之事，日以猖獗，李石梧与周天爵、向荣⑧皆甚不和，未知何日始得廓清？圣主宵旰⑨焦灼，廷臣亦多献策，而军事非亲临其地，难以遥度，故予屡欲上折，而终不敢率尔也。余不一一。

兄国藩手草

注释

❶硇：náo。硇砂，中药名。

❷朱子社仓：南宋时，朱熹创办的预防荒年的粮仓。

❸小歉：农作物收成不好。

❹蠲：juān，除去之也。

❺常平仓谷：官办应急粮仓。

❻赛中堂：名尚阿，蒙古正蓝旗人，咸丰间以大学士钦差赴广西，师久无功，发军台效力，释回复为正红旗满洲都统。

❼江岷樵：名忠源，湖南新宁人，以举人练乡勇，官安徽巡抚，死难。谥“忠烈”。

❽周天爵：字敬修，山东东阿人，出身科第，而武艺绝伦，卒谥“文忠”。《独秀峰题壁》“闻道周郎善用兵，将军小李亦知名”二句，即指李石梧、周敬修而言。向荣：字欣然，四川大宁人，以军功官提督。卒谥“忠武”。

❾旰：gàn，天色晚。宵旰，谓宵衣旰食，天未明而衣，日既暮而食也。

咸丰元年六月初一日

澄侯、温甫、子植、季洪四位老弟足下：

五月十四日发第六号家信，内有四月二十六日具奏一疏稿。余虽不能法古人之忠直，而皇上圣度优容，则实有非汉唐以下之君所能及者，已将感激图报之意于前书内详告诸弟矣。五月二十六日又蒙皇上天恩，兼署刑部右侍郎，次日具折谢恩，即将余感戴之忱写出。兹将原折付回。

日内京寓大小平安。癣疾大好，较去年澄弟在此时更好三倍，头面毫无踪影，两腿虽未尽净，不复足为患也。

同乡周子佩之母病体不轻，下身不仁，恐成偏枯[①]。徐寿蘅放四川主考。湖南放四川者向极吉利，嘉庆辛酉之杨刚亭[②]先生、庚午之陶文毅[③]、道光甲午之李文恭、乙未之罗苏溪[④]，有成例矣。

邝炉青、陈俊臣两人皆已来京，陈挈眷[⑤]而邝则否，邝富而陈寒，所为似相反。然究以挈眷为是，邝一二年亦必悔之耳。

林昆圃事，余为写知单，得百余金，合之开吊，共二百金，将来可以赡其七十四岁之老母也。

漱六望差甚切，未知能如愿否？现在已放一半，而实录馆当差人员尚未放一人。唐镜海于十八日到京，二十三日召见，垂询一切，天颜有喜，极耆儒[⑥]晚遇之荣。现已召见五次，将来尚可入对十余次也。

罗山前有信来，词气温纯，似有道者之言，余已回信一次。顷又有信来，言纪泽未定婚，欲为贺耦庚先生之女作伐[7]，年十二矣。余嫌其小一岁，且耦庚先生究系长辈。从前左季高[8]与陶文毅为婚，余即讥其辈行不伦。余今不欲仍蹈其辙，拟敬为辞谢。现尚未作书覆罗山，诸弟在省见罗山兄，可将余两层意思先为道破，余它日仍当回书告知一切。余近思为纪泽定婚，其意颇急切。夏阶平处一说，本可相安，因其与黄子寿为亲家，余亦嫌辈行少屈，是以未就。黄茀卿有女年十三，近托袁漱六往求婚。茀卿言恐余升任总宪[9]，渠须回避。例给事回避改郎中，御史回避改员外，最为吃亏。不知渠是实意，抑系不愿成婚而托辞以谢也，故现未说定。弟可一一禀告堂上大人。又余意乡间若有孝友书香之家，不必问其贫富，亦可开亲，澄弟盍为我细细物色一遍？然余将同邑各家一想，亦未闻有真孝友人家也。

余至刑部，日日忙冗异常，迥不与礼部、工部、兵部相同，若长在此部，则不复能看书矣。湖南副主考乔鹤侪[10]水部颇称博雅，今年经策，必须讲究古茂。曹西垣办分发，本月可引见，七月可出京。朱石翘明府昨有信来，言澄弟四月底到县。此次折弁到京，石翘有信而澄弟无信，殊不可解。兹有书覆朱，家中封好送去。诸惟心照，余俟续布。

国藩手草

注释

❶偏枯：偏瘫，半身不遂。

❷杨刚亭：名健，湖南清泉人。嘉庆进士，官至湖北巡抚，善决疑狱，坐事休致。

❸陶文毅：名澍，字子霖，湖南安化人。嘉庆进士，官至两江总督，创海运，行票盐，讲荒政，兴水利。卒谥“文毅”。

❹罗苏溪：名绕典，由编修官湖北巡抚。洪杨事起，奉诏办理湖南防务。卒谥“文僖”。

❺挈眷：携带家眷。

❻耆儒：年高博学的读书人。

❼作伐：做媒。

❽左季高：名宗棠，湖南湘阴人。由举人以四品京堂统军平陕、甘，定天山南北路，封恪靖侯，官至大学士，卒谥“文襄”。

❾总宪：明清时期都察院左都御史的别称。

❿乔鹤侪：名松年，山西徐沟人。由进士官至东河总督，平粤捻皆有功。卒谥“勤恪”。

咸丰元年七月初八日

澄侯、温甫、子植、季洪四位老弟足下：

七月初六日接澄弟四月二十六信，五月初一、初八、二十三各信，具悉一切。植弟、洪弟各信亦俱收到。洪弟之书已至，六月初二所发者亦到。澄弟回家，至此始算放心。

樊城河内泡沙如此可怖，闻之心悸。余戊戌年九月下旬在樊城河，半夜忽遭大风，帆散缆断，濒于危殆，后亦许观音戏，至今犹有余惊。以后我家出行者，万不可再走樊城河，戒之，记之！敬告子孙可也。

彭山屺苦况如此，良为可怜。一月内外当更求一书以苏涸鲋[1]，但不知有济否耳？此等人谋，亦须其人气运有以承之，如谢博泉之事即鲜实效。若使南翁在彼，当稍有起色。

凌荻舟之银，虽周小楼与荻舟之子私相授受，以欺紫嫂，而荻子盖又当受小楼之欺，终吞于周氏之腹而后已。余处现尚存凌银将二百金，拟今年当全寄去。澄弟既将此中消息与孙筱石道破，则此后一概交孙，万无一失。刘午峰曾言赙[2]赠百金，不知今岁可收到否？余今年还凌银须二百，又须另筹二百五十金寄家，颇为枯窘。今年光景大不如去年，然后知澄弟福星来临，有益于人不浅也。其二百五十金，望澄弟在家中兑与捐职者及进京会试者，总在今冬明春归款，不致有误，但不可以更多耳。

父大人至县城两次，数日之经营，为我邑造无穷之福泽，上而邑长生感，下而百姓歌颂，此诚盛德之事。但乡民可与谋始，难与乐成，恐历时稍久，不能人人踊跃输将[3]，亦未必奏效无滞。我家倡议，风示一邑，但期鼓舞风声[4]，而不必总揽全局，庶可进可退，绰绰余裕耳。朱明府之得民心，予已托人致书上游[5]，属其久留我邑。若因办饷得手，而遂爱民勤政，除盗息颂，则我邑之受赐多矣。

社仓之法，有借无还，今日风俗，诚然如此。澄弟所见，良为洞悉时变之言，此事竟不可议举行。王介甫青苗之法所以病[6]民者，亦以其轻于借而艰于还也。

季弟书中言，每思留心于言行之差错，以时时儆惕[7]。余观此语，欣慰之至。凡人一身，只有“迁善改过”四字可靠；凡人一家，只有“修德读书”四字可靠。此八字者，能尽一分，必有一分之庆；不尽一分，必有一分之殃。其或休咎相反，必其中有不诚，而所谓改过修德者，不足以质诸鬼神也。吾与诸弟勉之又勉，务求有为善之实，不使我家高曾祖父之积累自我兄弟而剥丧[8]，此则余家之幸也。

余癣疾上身全好，自腰以下略有未净，精神较前三年竟好得几分，亦为人子者仰慰亲心之一端。宅内小大上下俱平安。

同乡周子佩丁忧，余送银八两、挽联一付。杜兰溪放山西差。漱六又不得差，颇难为情。写作俱佳，而不可恃如此。曹西垣请分发，将于月半后之官皖中。李笔峰完娶之后，光景奇窘。同乡各家大半拮据。子佩开吊，不足京蚨千串。黄正斋仅送一幛而无奠分。徐芸渠既不吊又不赙。皆同乡所不以为然者也。纪泽近日诗论又稍长进。书不十一，顺候近佳，余俟续具。

兄国藩手草

注释

❶苏：死而更生也。涸：hé，水竭也。鲋：fù，鲫鱼也。涸鲋，庄周贷粟于监河侯，侯曰："我将得邑金，将贷子三百金。"周忿然作色曰："周昨来有中道而呼者，周顾视车辙中有鲋鱼焉。"曰："君岂有斗升之水而活我哉?"周曰："我且南游吴越之王，激西江之水而迎子可乎?"鲋鱼曰："君乃言此，曾不如早索于我枯鱼之肆。"庾信诗曰"涸鲋常思水"，以喻人之穷困者。

❷赙：fù，赠送财物给办丧事的人家。

❸输将：按照国家规定缴纳税赋。

❹风声：社会风气。

❺上游：上司。

❻病：危害、损害。

❼儆惕：戒惧。

❽剥丧：衰败。

咸丰元年八月十九日

澄侯、温甫、子植、季洪四位老弟足下：

八月十四日发第九号信，至十七日接到家信第七、第八二号，欣悉一切。左光八为吾乡巨盗，能除其根株，扫其巢穴，则我境长享其利，自是莫大阴功。第湖南会匪所在勾结，往往牵一发而全神皆动。现在制军程公特至湖南，即是奉旨查办此事，盖恐粤西匪徒穷窜，一入湖南境内，则楚之会匪因而窃发也。左光八一起，想尚非巨伙入会者流，然我境办之，不可过激而生变。现闻其请正绅保举，改行为良，且可捉贼自效，此自一好机会。万一不然，亦须相机图之，不可用力太猛，易发难收也。

公议粮饷一事，果出通邑之愿，则造福无量。

至于帮钱垫官之亏空，则我家万不可出力。盖亏空万六千两，须大钱三万余千，每都几须派千串。现在为此说者，不过数大绅士一时豪气，为此急公好义之言。将来各处分派，仍是巧者强者少出而讨好于官之前，拙者弱者多出而不免受人之勒。穷乡殷实小户，必有怨声载道者。且此风一开，则下次他官来此，既引师令之借钱办公为证，又引朱令之民帮垫亏为证，或亦分派民间出钱帮他，反觉无辞以谢。若相援为例，则来一官帮一官，吾邑自此无安息之日。

凡行公事，须深谋远虑。此事若各绅有意，吾家不必拦阻；若吾家倡议，万万不可。且官之补缺皆有呆法，何缺出轮何班补，虽抚藩不能稍为变动。澄弟在外多年，岂此等亦未知耶？朱公若不轮到班，则虽帮垫亏空，通邑挽留，而格于成例，亦不可行；若已轮到班，则虽不垫亏空，亦自不能不补此缺。间有特为变通者，督抚专折奏请，亦不敢大违成例。季弟来书，若以朱公之实授与否，全视乎亏空之能垫与否，恐亦不尽然也。

曾仪斋若系革职，则不复能穿补子，若系大计休致①，则尚可穿。季弟有志于道义身心之学，余阅其书，不胜欣喜。凡人无不可为圣贤，绝不系乎读书之多寡。吾弟诚有志于此，须熟读《小学》及《五种遗规》二书，此外各书能读固佳，不读亦初无所损。可以为天地之完人，可以为父母之肖子，不必因读书而后有所加于毫末也。匪但四六古诗可以不看，即古文为吾弟所愿学者，而不看亦自无妨，但守《小学》《遗规》二书，行一句算一句，行十句算十句，贤于记诵词章之学万万矣。季弟又言愿尽孝道，惟亲命是听，此尤足补我之缺憾。我在京十余年，定省②有阙，色笑远违，寸心之疚，无刻或释。若诸弟在家能婉愉孝养，视无形，听无声，则余能尽忠，弟能尽孝，岂非一门之祥瑞哉？愿诸弟坚持此志，日日勿忘，则兄之疚可以稍释。幸甚幸甚！书不一一，余俟续具。

兄国藩手草

注释

①大计：明制三岁考察外官曰大计，以八法处分之。清因之。休致：谓官以年老去职也。清制有自请休致、勒令休致之别。

②定省：探望、照顾父母。

咸丰元年九月初五日

澄侯、温甫、子植、季洪四弟足下：

日来京寓大小平安。癣疾又已微发，幸不为害，听之而已。

湖南榜发，吾邑竟不中一人。沅弟书中言温弟之文典丽矞皇，亦尔被抑，不知我诸弟中将来科名究竟如何？以祖宗之积累及父亲、叔父之居心立行，则诸弟应可多食厥报[①]。以诸弟之年华正盛，即稍迟一科亦未遽[②]为过时。特兄自近年以来事务日多，精神日耗，常常望诸弟有继起者，长住京城，为我助一臂之力。且望诸弟分此重任，余亦欲稍稍息肩。乃不得一售，使我心中无倚。

盖植弟今年一病，百事荒废，场中又患眼疾，自难见长。温弟天分本甲于诸弟，惟牢骚太多，性情太惰。前在京华，不好看书，又不作文，余心即甚忧之。近闻还家以后，亦复牢骚如常，或数月不搦管[③]为文。吾家之无人继起，诸弟犹可稍宽其责，温弟则实自弃，不得尽诿其咎于命运。吾常见友朋中牢骚太甚者，其后必多抑塞，如吴檀台、凌荻舟之流，指不胜屈[④]。盖无故而怨天，则天必不许；无故而尤人，则人必不服。感应之理，自然随之。温弟所处乃读书人中最顺之境，乃动则怨尤满腹，百不如意，实我之所不解。以后务宜力除此病，以吴檀台、凌荻舟为眼前之大戒。凡遇牢骚欲发之时，则反躬自思：吾果有何不足而蓄此不平之气？猛然内省，决然去之。不惟平心谦抑，可以早得科名，亦且养此和气，可以消减病患。万望温弟再三细思，勿以吾言为老生常谈，不值一哂也。

王晓林先生植。在江西为钦差，昨有旨命其署江西巡抚。余署刑部，恐须至明年乃能交卸。袁漱六昨又生一女，凡四女，已殇其二，又丧其兄，又丧其弟，又一差不能得，甚矣，穷翰林之难当也！黄麓西由江苏引见入京，迥非昔日初中进士气象，居然有经济才。王衡臣于闰月初九引见，以知县用，后于月底搬寓下洼一庙中，竟于九月初二夜无故遽卒。先夕与同寓文任吾谈至二更，次早饭时讶其不起，开门视之，则已死矣！死生之理，善人之报，竟不可解！

邑中劝捐弥补亏空之事，余前已有信言之，万不可勉强勒派[⑤]。我县之亏，亏于官者半，亏于书吏者半，而民则无辜也。向来书吏之中饱，上则吃官，下则吃民，名为包征包解，其实当征之时，则以百姓为鱼肉而吞噬之；当解之时，则以官为雉媒[⑥]而播弄[⑦]之。官索钱粮于书吏之手，犹索食于虎狼之口，再四求之而终不肯吐。所以积成巨亏，并非实欠在民，亦非官之侵蚀入己也。今年父亲大人议定粮饷之事，一破从前包征、包解之陋风，实为官民两利，所不利者仅书吏耳。即见制台留朱公，亦造福一邑不小。诸弟皆宜极力助父大人办成此事。惟捐钱弥亏，则不宜操之太急，须人人愿捐乃可，若稍有勒派，则好义之事反为厉民之举，将来或翻为书吏所借口，必且串通劣绅，仍还包征、包解之故智[⑧]，万不可不预防也。

梁侍御处银二百，月内必送去。凌宅之二百，亦已兑去。公车来，兑五七十金，为送亲族之用，亦必不可缓。但京寓近极艰窘，此外不可再兑也。

邑令既与我家商办公事，自不能不往还，然诸弟苟可得已，即不宜常常入署。陶、李二处，容当为书。本邑亦难保无假名请托者，澄弟宜预告之。书不详尽，余俟续具。

兄国藩手草

注释

❶厥报：指挫折。

❷遽：jù，很快，马上。

❸搦：nuò。搦管：执笔。

❹指不胜屈：数不胜数。

❺勒派：强行摊派。

❻雉媒：猎者少养雉子，能招引野雉，因而猎取之，因名曰雉媒。潘岳有《射雉赋》。

❼播弄：摆布、戏弄。

❽故智：老办法。

咸丰四年五月初九日

澄、温、沅、季老弟左右：

初九日芝三到省，接奉父大人手谕及澄、季、芝生各信，具悉一切。余于初八日具折谢恩，并夹片三件，兹一并抄录付回。凡谕旨、章奏等件付至家中者，务宜好为藏弆[①]。我兄弟五人，无一人肯整齐收拾者，亦不是勤俭人家气象。以后宜收拾完整，可珍之物固应爱惜，即寻常器件亦当汇集品分，有条有理。竹头木屑，皆为有用，则随处皆取携不穷也。

温弟在此住旬余，心平气和，论事有识，以后可保家中兄弟无纷争之事，余在外大可放心。

李筱泉[②]之家眷意欲寄居湘乡[③]，一则省城虽防守甚严，而时时有寇至之虑；一则寓公馆比之居乡，其奢俭相去甚远。渠托江采五在中沙等处，又托余在二十三四都等处寻觅住居。渠遣一人来乡同觅，先至江采五处，后至我家。澄弟等为之留心，或在离我家二三十里之区择一善地，以省俭为主，渠光景甚窘也。余再三辞之，言我家尚难自保，且迁徙而远避，又焉能庇及他人？渠意总欲居乡，缓急尚可藏匿山穴，至土匪抢劫，渠本无可抢云云。余不能再辞，澄弟可一为照拂之。

鲍提军于初八日出省，至辰州住。塔智亭[④]初十拟至岳州。余不一一，即请近佳。

兄国藩手草

注释

❶弆：jǔ。藏弆：收藏。

❷李筱泉：名瀚章，鸿章兄，合肥人。以拔贡官湖南知县从曾国藩主饷事，官至两广总督。卒谥“勤恪”。

❸湘乡：湖南省的一个县，系曾国藩老家。

❹塔智亭：名齐布，满洲镶黄旗人，由三等侍卫官湖南都司。曾国藩练乡勇，一见器之，荐忠勇可大用，战则身先士卒，技艺精绝。官至提督，攻九江，气脱死。谥“忠武”。

咸丰六年九月初十日

澄侯四弟左右：

顷接来缄[1]，又得所寄吉安一缄，具悉一切。朱太守来我县，王、刘、蒋、唐往陪而弟不往，宜其见怪。嗣后弟于县城、省城，均不宜多去。处兹大乱未平之际，惟当藏身匿迹，不可稍露圭角[2]于外。至要至要！

吾年来饱阅世态，实畏宦途风波之险，常思及早抽身，以免咎戾。家中一切，有关系衙门者，以不与闻为妙。诸惟心照，不一一。

兄国藩再

注释

❶缄：指书信。

❷圭角：棱角、锋芒。

咸丰八年五月三十日

沅浦九弟左右：

正七归，接一信。启五等归，又接一信。正七以疟故，不能遽回营。启五求于尝新后始去，兹另遣人送信至营，以慰远廑[1]。

三代祠堂或分或合，或在新宅，或另立规模，统俟弟复吉后归家料理。造祠之法，亦听弟与诸弟为之，落成后，我作一碑而已。看地之事，宽十现在代觅，冒暑裹粮[2]，一出动十日半月，又不取我家盘缠，颇为可感。惟吉壤难得，即仅图五患之免，亦不易易。余意欲王父母[3]、父母改葬后，将神道碑立毕，然后或出或处，乃可惟余所欲。目下在家，意绪极不佳。回思往事，无一不惭愧，无一不褊浅[4]。幸弟去秋一出，而江西、湖南物望[5]颇隆，家声将替，自弟振之，兹可欣慰。"靡不有初，鲜克有终"[6]，望弟慎之又慎，总以克终为贵。

家中四宅大小平安。二十三四大水，县城、永丰受害颇甚，我境幸平安无恙。闻季洪有油在永丰，亦已被淹，渠信未之详也。澄弟以三十日赴永丰，因修丞署及蝗虫事。

弟寄归之书皆善本，林氏续选《古文雅正》，虽向不知名，亦通才也。如有《大学衍义》《衍义补》二书可买者，望买之。学问之道，能读经史者为根柢[7]，如两《通》。杜氏《通典》、马氏《通考》。两《衍义》及本朝两《通》，徐乾学《读礼通考》、秦蕙田《五礼通考》。皆萃《六经》诸史之精，该内圣外王之要。若能熟此六书，或熟其一二，即为有本有末之学。家中现有四《通》而无两《衍义》，祈弟留心。弟目下在营，不可看书，致荒废正务。天气炎热，精神有限，宜全用于营事中也。

余近作《宾兴堂记》，抄稿寄阅。久荒笔墨，但有间架，全无精意。愧甚愧甚！顺问近好。

兄国藩手草

注释

❶廑：qín，谓注念之殷也。

❷裹粮：携带口粮。

❸王父母：祖父母。

❹褊浅：心地、见识等狭隘短浅。

❺物望：人望、众望。

❻靡不有初，鲜克有终：出自《诗经·大雅·荡》，指做事情往往有始无终。

❼根柢：指事物的根基。

咸丰八年十二月十三日

澄侯、沅甫、季洪三位老弟左右：

温弟[①]之事，家中不知如何举动？至今犹无手信，尚忍言哉？希庵[②]接霍山王令信，言迪庵[③]及筱石遗骸业经寻得，兹抄付回。不知我温弟尚能返葬首丘[④]否？

吾往年在外，与官场中落落不合，几至到处荆棘，此次改弦易辙，稍觉相安。去年在家，兄弟为小事争竞[⑤]，今日温弟永不得相见矣！回首前非，悔之何及！

洪弟明年出外，尚须再三筹维。若运气不来，徒然呕气。帮人则委曲从人，尚未必果能相合；独立则劳心苦力，尚未必果能自立。如真能受委曲，能吃辛苦，则家庭亦未始不可处也，望与沅弟酌之。余详日记中。

再，此次寄银百两与刘峙衡[⑥]之嗣子。我去年丁艰时，峙衡穿青布衣冠来代我治丧事，至今感之，故以此将意。或专使送去，或交纪泽正月带去，祈酌之。再，泽六老爷之孙葛培因昨归，于玉山解围案内，保举主簿。兹将饬知[⑦]付回，望专人送去；并望写一信，言明年不可再来投效，来则决不再收，须切实言之，使通境皆闻也。古人言："今日之恩窦[⑧]即异日之怨门[⑨]。"其理深矣。（本文有删节）

注释

❶温弟：指曾国藩之弟曾国华，其字为“温甫”。

❷希庵：姓李，名续宜，湖南湘乡人，续宾弟，威名与塔齐布相颉颃，官至安徽巡抚。卒谥“勇毅”。

❸迪庵：名续宾，受学于罗泽南，转战江西、湖南、湖北等省，援庐州，以众寡悬绝，陷阵死。赠总督，谥“忠武”。

❹首丘：《礼记》：“古之人有言曰：‘狐死正丘首。’仁也。”今人以返葬故乡为归正丘首。

❺争竞：为名利而计较争执。

❻刘峙衡：名腾鸿，湖南湘乡人，咸丰间以直隶州攻瑞州，没于阵，有名将风。

❼饬知：指上级官署通知下属。

❽恩窦：恩德的口子。

❾怨门：怨恨的大门。

咸丰八年十二月二十日

澄侯、沅浦、季洪老弟阁下：

十五日接叔父患病之信，十六日专王发六送鹿茸回家，限年内赶到。十七日早接澄弟二信，沅弟一信，又于朱家二处问叔父病势已愈。大幸！大幸！

温弟之事日内计已说破，不知叔父与温弟妇能少节哀否？温弟妇治家最贤，而赋命最苦，不知天理何以全不可凭？十八夜接希庵信，知沅弟所派六弁已回，皆未寻得，而迪庵遗骨于初一日已搬至霍山县。同一殉节，而又有幸不幸若此。余又专五人去寻，中有二人系“贼”中逃出者，言必可至三河故垒。其三人则杨名声、杨镇南、张吟也。能寻得遗蜕，尚是不幸中之一幸，否则吾何面目见祖考妣及考妣于地下哉？

日内心绪慌乱，不能办一事。刘良二不愿当长夫，仍令回家。其在家领去之银三两三钱，或给或否，惟酌之。此间亦不另给途费也。家有殿板初印《史记》一部二十六本，望命纪泽查出带来。即问新禧。

兄国藩手草

咸丰九年八月二十九日武昌

澄侯四弟左右：

兹有袁漱六亲家之胞弟袁铁庵自松江归来，将我京中书籍概行[1]带送湘乡，实为可感之至。前由京搬至松江，此次由松搬至湘乡，共万余里，吃尽辛苦。到我家时，望加意款待。至要！至要！其书交建四先生及纪泽细心清厘[2]。此外尚有存松之书并营中之书，将来开单再清也。即问近好。

兄国藩手草武昌。

注释

❶概行：一律办理。

❷清厘：清点整理。

咸丰九年十月十八日

澄侯四弟左右：

十月十二王孝一到，接九月十九来缄，具审一切。泽儿及五十侄女两场喜事办理尽善。慰谢慰谢！我祖星冈公第一有功于祖宗及后嗣，有功于房族及乡党者，在讲求礼仪，讲求庆吊[1]。我父守之勿失，叔父于祭礼亦甚诚敬。贤弟若能于礼字详求，则可以医平日粗率之气而为先人之令子；若于族戚庆吊时时留心，则更可仪型[2]一方矣。若须酌送重礼者，则寄信来营，余当寄付弟手。

余于军中之钱不愿寄回，而后辈婚嫁及亲族红白喜事之最要者，则当略寄。南五舅父处，余必寄贺信，并寄薄礼。其他有应点缀[3]之处，望弟付信来告知。家中用度日趋于奢，实为可怕，望弟时时存紧一把之心。其铺账须各开各的，不可由大中开[4]。兄并无私意见也。弟及泽儿并诸侄贺贴皆收到。男婚女嫁，以似以续[5]，阖家之庆，还为弟贺焉。顺问近好。

兄国藩手草

注释

❶庆吊：指婚丧嫁娶之事。

❷仪型：楷模、典范。

❸点缀：犹衬饰也。

❹由大中开：从大家的开支中取用。

❺以似以续：《诗经·周颂·载芟》疏："以似以续。""似"训为"嗣"，嗣、续俱是继前之言。

咸丰十年二月初八日

澄侯、沅浦两弟左右：

初五日接来信，痛悉叔父大人于十九日戌刻弃世，哀痛曷极！自八年十一月闻温弟之耗，叔父即说话不圆，已虞其以忧伤生。叔父生平，外面虽处顺境，而暗中却极郁抑，思之伤心！叔生平最好体面，此次一切从丰，两弟自有权衡，丧礼以哀为主，丧次以肃静为主。余于闻讣之第二日，进公馆设位成服，拟素食七日，素服十四日，仍行撤灵入营。季弟拟请假回籍，余嘱其来宿松灵前行礼。沅弟言新大夫第[1]不敢再求惬意，自是知足之言，但湿气一层不可不详察。若湿气太重，人或受之，则易伤脾。凡屋高而天井小者，风难入，日亦难入，必须设法祛散湿气，乃不生病。至嘱！至嘱！(本文有删节)

注释

❶新大夫第：指新建宅院。

咸丰十年三月二十四日

澄侯、沅浦两弟左右：

接家信，知叔父大人已于三月二日安厝[1]马公塘。两弟于家中两代老人养病送死之事皆备极诚敬，将来必食报[2]于子孙。闻马公塘山势平衍，可决其无水蚁凶灾，尤以为慰。

澄弟服补剂而大愈。甚幸甚幸！吾生平颇讲求"惜福"二字之义，近来补药不断，且菜蔬亦比往年较奢，自愧享用太过，然亦体气太弱，不得不尔。胡润帅、李希庵常服辽参，则其享受更有过于余者。家中后辈子弟体弱，学射最足保养，起早尤千金妙方、长寿金丹也。(本文有删节)

注释

❶厝：cuò。安厝：安葬、埋葬。

❷食报：受报答、受报应。

咸丰十年闰三月二十九日

澄侯四弟左右：

二十七日刘得四来，接弟十三日信，欣悉各宅平安。沅弟是日申刻到，又得详问一切，敬知叔父临终毫无抑郁之情，至为慰念。

余与沅弟论治家之道，一切以星冈公为法，大约有八字诀。其四字即上年所称“书”“蔬”“鱼”“猪”也；又四字则曰“早”“扫”“考”“宝”。早者，起早也；扫者，扫屋也；考者，祖先祭祀，敬奉显考[1]、王考[2]、曾祖考，言考而妣可该也；宝者，亲族乡里，时时周旋，贺喜吊丧，问疾济急。星冈公常曰：“人待人，无价之宝也。”星冈公生平于此数端最为认真，故余戏述为八字诀曰“书、蔬、鱼、猪，早、扫、考、宝”也。此言虽涉谐谑，而拟即写屏上，以祝贤弟夫妇寿辰，使后世子孙知吾兄弟家教，亦知吾兄弟风趣也。弟以为然否？顺问近好。

国藩手草

注释

❶显考：对已故父亲的敬称。

❷王考：对已故祖父的敬称。

咸丰十年四月二十九日

澄侯四弟左右：

余以二十八日，奉署理[1]两江总督之命，以精力极疲之际，肩艰大难胜之任，深恐竭蹶[2]，贻笑大方。然时事如此，惟有勉力作去，成败祸福不敢计也。兹将廷谕抄寄，其应如何办法，再行详报。

余欲纪泽来营，若走水路，则由岳州、湖北，以至九江、湖口；若走陆路，则由萍乡、万载、新昌、奉新，以至吴城亦可，由平江、义宁，以至吴城亦可。纪泽或于近日至长沙，接我初四日续信，再行东来省觐[3]可也。(本文有删节)

注释

❶署理：凡官员出缺或离任，由其他官员暂时代理职务。

❷竭蹶：颠倒也。

❸省觐：探望父母或其他尊长。

附录：

曾国藩家训

愿为读书明理人（咸丰六年九月二十九日）

字谕纪鸿儿：

家中人来营者，多称尔举止大方，余为少慰。凡人多望子孙为大官，余不愿为大官，但愿为读书明理之君子。勤俭自持，习劳习苦，可以处乐，可以处约①，此君子②也。余服官二十年，不敢稍染官宦气习，饮食起居，尚守寒素③家风，极俭也可，略丰④也可，太丰则吾不敢也。凡仕宦之家，由俭入奢⑤易，由奢返俭难。尔年尚幼，切不可贪爱奢华，不可惯习懒惰。无论大家小家、士农工商，勤苦俭约，未有不兴；骄奢倦怠，未有不败。

尔读书写字，不可间断，早晨要早起，莫坠高曾祖考以来相传之家风。吾父吾叔，皆黎明⑥即起，尔之所知也。凡富贵功名，皆有命定，半由人力，半由天事；惟学作圣贤，全由自己作主，不与天命相干涉。吾有志学为圣贤，少时欠居敬⑦工夫，至今犹不免偶有戏言⑧戏动。尔宜举止端庄，言不妄发，则入德之基也。手谕。

时在江西抚州门外。

注释

❶约：俭约也。

❷君子：有德之称。

❸寒素：谓清贫也。

❹丰：厚也。

❺奢：侈也。

❻黎明：天将明之时也。

❼居敬：居身敬肃。

❽戏言：犹言谩语无稽之言也。

读书写字之方法（咸丰八年七月二十一日）

字谕纪泽儿：

余此次出门，略载日记[①]，即将日记封每次家信中。闻林文忠[②]家书即系如此办法。

尔在省，仅至丁、左两家，余不轻出，足慰远怀。

读书之法，看读写作四者，每日不可缺一。看者，如尔去年看《史记》《汉书》、韩文、《近思录》，今年看《周易折中》之类是也。读者，如“四书”、《诗》《书》《易经》《左传》诸经，《昭明文选》，李、杜、韩、苏[③]之诗，韩、欧、曾、王[④]之文，非高声朗诵[⑤]则不能得其雄伟之概，非密咏恬吟则不能探其深远之韵。譬之富家居积，看书则在外贸易[⑥]，获利三倍者也；读书则在家慎守，不轻花费者也。譬之兵家战争，看书则攻城略地，开拓土宇者也；读书则深沟坚垒，得地能守者也。看书如子夏[⑦]之“日知所亡”相近，读书与“无忘所能”相近，二者不可偏废。至于写字，真行篆隶，尔颇好之，切不可间断一日，既要求好，又要求快。余生平因作字迟钝，吃亏不少。尔须力求敏捷，每日能作楷书一万，则几矣。至于作诗文，亦宜在二三十岁立定规模；过三十后，则长进极难。作四书文，作试帖诗，作律赋，作古今体诗，作古文，作骈体文[⑧]，数者不可不一一讲求，一一试为之。少年不可怕丑，须有狂者进取之趣。此时不试为之，则后此弥不肯为矣。

至于作人之道，圣贤千言万语，大抵不外“敬”“恕”二字。“仲弓[9]问仁”一章，言“敬”“恕”最为亲切。自此以外，如“立则见其参于前也，在舆则见其倚于衡[10]也”，“君子无众寡，无小大，无敢慢”，斯为“泰而不骄”；“正其衣冠，俨然人望而畏”，斯为“威而不猛”，是皆言“敬”之最好下手者。孔言“欲立立人，欲达达人”，孟言“行有不得，反求诸己”，“以仁存心，以礼存心”，“有终身之忧，无一朝之患”，是皆言“恕”之最好下手者。尔心境明白，于“恕”字或易著功，“敬”字则宜勉强行之。此立德之基，不可不谨。

科场[11]在即，亦宜保养身体。余在外平安，不多及。

涤生手谕舟次樵舍下去江西省城八十里。

再，此次日记，已封入澄侯叔函中，寄至家矣。余自十二至湖口，十九夜五更开船[12]晋江西省，二十一申刻即至章门。余不多及。又示。

注释

❶日记：每日记事之簿也。

❷林文忠：福建侯官人，名则徐，字少穆，卒谥“文忠”。

❸李、杜、韩、苏：谓李白、杜甫、韩愈、苏东坡也。

❹韩、欧、曾、王：谓韩愈、欧阳修、曾巩、王安石也。

❺诵：读也。

❻贸易：经商也。

❼子夏：孔子弟子，姓卜，名商。

❽骈体文：古之文章用对偶者，谓之骈体文。

❾仲弓：孔子弟子，姓冉，名伯牛。

❿衡：车前横木也。

⓫科场：指科举考试。

⓬舶：船也。

读书宜乎求心得（咸丰八年八月初三日）

字谕纪泽：

八月一日，刘曾撰来营，接尔第二号信，并薛晓帆信，得悉家中四宅平安，至以为慰。

汝读“四书”，无甚心得，由不能虚心涵泳[①]，切己体察。朱子[②]教人读书之法，此二语最为精当。尔现读《离娄》[③]，即如《离娄》首章“上无道揆[④]，下无法守”，吾往年读之，亦无甚警惕；近岁在外办事，乃知上之人必揆诸道，下之人必守乎法，若人人以道揆自许，从心而不从法，则下凌上矣。“爱人不亲”章，往年读之，不甚亲切；近岁阅历日久，乃知治人不治者，智不足也。此切己体察之一端也。“涵泳”二字，最不易识。余尝以意测之曰：涵者，如春雨之润花，如清渠[⑤]之溉[⑥]稻。雨之润花，过小则难透，过大则离披[⑦]，适中则涵濡而滋液；清渠之溉稻，过小则枯槁，过多则伤涝，适中则涵养而浡兴[⑧]。泳者，如鱼之游水，如人之濯足。程子[⑨]谓鱼跃于渊，活泼泼地；庄子[⑩]言濠梁观鱼，安知非乐。此鱼水之快也。左太冲[⑪]有“濯足万里流”之句，苏子瞻[⑫]有夜卧濯足诗，有浴罢诗，亦人性乐水者之一快也。善读书者，须视书如水，而视此心如花、如稻、如鱼、如濯足，则“涵泳”二字，庶可得之于意言之表。尔读书易于解说文义，却不甚能深入，可就朱子“涵泳”“体察”二语悉心求之。

邹叔明新刊地图甚好，余寄书左季翁，托购致十副。尔收得后，可好藏之。薛晓帆银百两宜璧还[13]，余有复信，可并交季翁也。此嘱。

父涤生字

注释

❶涵泳：涵濡而深入领会也。

❷朱子：宋婺源人，名熹，字元晦。

❸《离娄》：《孟子》七篇之一。

❹道揆：谓以义理度量事物，而制其宜也。

❺清渠：清池之水也。

❻溉：灌溉也。

❼离披：分散下垂貌。

❽浡兴：兴起。

❾程子：宋洛阳人，名颐，字正叔。

❿庄子：战国蒙人，名周。

⓫左太冲：晋临淄人，名思。

⓬苏子瞻：宋眉山人，名轼，又号东坡居士。

⓭璧还：谓以物还人也。

宜勉尽爱敬之道（咸丰八年十二月三十日）

字谕纪泽：

闻尔至长沙，已逾月余，而无禀来营，何也？少庚讣信百余件，闻皆尔亲笔写之，何不发刻？或倩人[①]帮写？非谓尔宜自惜精力，盖以少庚年未三十，情有等差[②]，礼有隆杀[③]，则精力亦不宜过竭耳。近想已归家度岁。今年家中因温叔甫之变，气象较之往年，迥不相同。余因去年在家争辨细事，与乡里鄙人无异，至今深抱悔憾。故虽在外亦恻然寡欢。尔当体我此意，于叔祖、各叔父母前尽些爱敬之心，常存休戚[④]一体之念，无怀彼此歧视之见，则老辈内外必器爱[⑤]尔，后辈兄弟姊妹必以尔为榜样，日处日亲，愈久愈敬。若使宗族乡党皆曰纪泽之量，大于其父之量，则余欣然矣。

余前有信教尔学作赋，尔复禀并未提及；又有信言“涵养”二字，尔复禀亦未之及。嗣后我信中所论之事，尔宜一一禀复。

余于本朝大儒，自顾亭林[⑥]之外，最好高邮王氏[⑦]之学。王安国以鼎甲[⑧]官至尚书，谥文肃，正色立朝，生怀祖先生念孙，经学精卓，生王引之，复以鼎甲官尚书，谥文简，三代皆好学深思，有汉韦氏[⑨]、唐颜氏[⑩]之风。余自憾学问无成，有愧王文肃公远甚，而望尔辈为怀祖先生，为伯申氏，则梦寐之际，未尝须臾[⑪]忘也。怀祖先生所著《广雅疏证》《读书杂志》，家中无之。伯申氏所著《经义述闻》《经传释词》，《皇清经解》内有之，尔可试取一阅。其不知者，写信来问。本朝穷经者，皆精小学，大约不出段、王两家之范围耳。余不一一。

父涤生示

注释

❶倩人：请人。

❷等差：等级差别。

❸隆杀：尊卑、高下。

❹休戚：犹言喜与忧也。

❺器爱：器重爱护。

❻顾亭林：明末昆山人，名炎武，字宁人。

❼高邮王氏：指清代著名训诂学家王念孙、王引之父子。

❽鼎甲：科举时代殿试，以名列一甲之三人为鼎甲。

❾韦氏：汉韦贤、韦玄成，父子为宰相。

❿颜氏：唐颜籀，字师古，弟相时，次弟勤礼，皆称学士。

⓫须臾：顷刻也。

读书宜先窥门径（咸丰九年四月二十一日）

字谕纪泽：

前次于诸叔父信中，复示尔所问各书帖之目。乡间苦于无书，然尔生今日，吾家之书，业已百倍于道光中年矣。买书不可不多，而看书不可不知所择。以韩退之[①]为千古大儒，而自述其所服膺[②]之书，不过数种，曰《易》，曰《书》，曰《诗》，曰《春秋左传》，曰《庄子》，曰《离骚》，曰《史记》，曰相如、子云[③]。柳子厚[④]自述其所得，正者曰《易》，曰《书》，曰《诗》，曰《礼》，曰《春秋》；旁者曰《穀梁》，曰《孟》《荀》，曰《老》《庄》，曰《国语》，曰《离骚》，曰《史记》。二公所读之书，皆不甚多。

本朝善读古书者，余最好高邮王氏父子，曾为尔屡言之矣。今观怀祖先生《读书杂志》中所考订之书，曰《逸周书》，曰《战国策》，曰《史记》，曰《汉书》，曰《管子》，曰《晏子》，曰《墨子》，曰《荀子》，曰《淮南子》，曰《后汉书》，曰《老》《庄》，曰《吕氏春秋》，曰《韩非子》，曰《杨子》，曰《楚辞》，曰《文选》，凡十六种，又别注《广雅疏证》一种。伯申先生《经义述闻》中所考订之书，曰《易》，曰《书》，曰《诗》，曰《周官》，曰《仪礼》，曰《大戴礼》，曰《礼记》，曰《左传》，曰《国语》，曰《公羊》，曰《穀梁》，曰《尔雅》，凡十二种。王氏父子之博，古今所罕，然亦不满三十种也。余于“四书”“五经”以外，最好《史记》《汉书》《庄子》、韩文四种，好之十余年，惜不能熟读精攻；又好《通鉴》《文选》及姚惜抱[5]所选《古文辞类纂》、余所选《十八家诗抄》四种，共不过十余种。早岁笃志为学，恒思将此十余书贯串精通，略作札记，仿顾亭林、王怀祖之法。今年齿[6]衰老，时事日艰，所志不克成就，中夜思之，每自愧悔。泽儿若能成吾之志，将“四书”“五经”及余所好之八种，一一熟读而深思之，略作札记，以志所得，以著所疑，则余欢欣快慰，夜得甘寝[7]，此外别无所求矣。至王氏父子所考订之书二十八种，凡家中所无者，尔可开一单来，余当一一购得寄回。

学问之途，自汉至唐，风气略同；自宋至明，风气略同；国朝又自成一种风气。其尤著者，不过顾、阎、百诗。戴、东原。江、慎修。钱、辛楣。秦、味经。段、懋堂。王怀祖。数人，而风会所扇，群彦[8]云兴。尔有志读书，不必别标汉学之名目，而不可不一窥数君子之门径。凡有所见所闻，随时禀知，余随时谕答，较之当面谕答，更易长进也。

注释

❶韩退之：即韩愈。

❷服膺：犹言存之胸中也。

❸相如、子云：司马相如、扬子云（扬雄）也。

❹柳子厚：唐河东人，名宗元。

❺姚惜抱：清桐城人，名鼐，字姬传。

❻年齿：年龄也。

❼甘寝：犹言安卧也。

❽群彦：诸名士也。

胸次须博大活泼（咸丰九年五月初四日）

字谕纪泽：

初四夜接尔二十六号禀，所刻《心经》微有《西安圣教》笔意。总要养得胸次[1]博大活泼[2]，此后更当有长进也。

尔去年看《诗经》注疏已毕否？若未毕，自当补看，不可无恒耳。讲《通鉴》，即以我过笔者讲之。亦可将来另购一部，尔照我之样，过笔一次可也。（本文有删节）

注释

❶胸次：谓怀抱也。

❷活泼：富有生气。

学书须窥寻门径（咸丰九年七月十四日）

字谕纪泽儿：

尔前寄所临《书谱》一卷，余比送徐柳臣先生处，请其批评。初七日接渠回信，兹寄尔一阅。十三日晤柳臣先生，渠盛称尔草字可以入古，又送尔扇一柄，兹寄回。刘世兄送《西安圣教》，兹与手卷并寄回查收。

尔前用油纸摹字，若常常为之，间架必大进。欧、虞、颜、柳[1]四大家是诗家之李、杜、韩、苏[2]，天地之日星江河也。尔有志学书，须窥寻四人门径。至嘱至嘱。

涤生手示

注释

❶欧、虞、颜、柳：谓欧阳询、虞世南、颜真卿、柳公权也。

❷李、杜、韩、苏：谓李白、杜甫、韩愈、苏东坡也。

宜从有恒下功夫（咸丰九年十月十四日）

字谕纪泽儿：

接尔十九、二十九日两禀，知喜事完毕，新妇能得尔母之欢，是即家庭之福。

我朝列圣相承，总是寅正[1]即起，至今二百年不改。我家高曾祖考，相传早起。吾得见竟希公、星冈公，皆未明即起，冬寒起坐约一个时辰，始见天亮。吾父竹亭公，亦甫黎明即起，有事则不待黎明，每夜必起看一二次不等，此尔所及见者也。余近亦黎明即起，思有以绍[2]先人之家风。尔既冠[3]授室[4]，当以早起为第一先务，自力行之，亦率新妇力行之。

余生平坐无恒之弊，万事无成。德无成，业无成，已可深耻矣。逮办理军事，自矢靡他[5]，中间本志变化，尤无恒之大者，用为内耻。尔欲稍有成就，须从“有恒”二字下手。

余尝细观星冈公仪表绝人[6]，全在一“重”字。余行路容止[7]，亦颇重厚，盖取法于星冈公。尔之容止甚轻，是一大弊病，以后宜时时留心，无论行坐，均须重厚。早起也，有恒也，重也，三者皆尔最要之务。早起是先人之家法，无恒是吾身之大耻，不重是尔身之短处，故特谆谆[8]戒之。

吾前一信，答尔所问者三条，一“字中换笔”，一“敢告马走”，一“注疏得失”，言之颇详，尔来禀何以并未提及？以后凡接我教尔之言，宜条条禀复，不可疏略。此外教尔之事，则详于寄寅皆先生看读写作一缄中矣。此谕。

注释

❶寅正：指凌晨四点。

❷绍：继承，接续。

❸冠：年二十曰弱冠。

❹授室：俗谓娶妻曰授室。

❺自矢靡他：立下誓言，决心不变。

❻仪表绝人：谓容貌与人不同也。

❼容止：仪容举止也。

❽谆谆：教诲不倦貌。

守家法及看文选（咸丰十年闰三月初四日）

字谕纪泽：

初一日接尔十六日禀。澄叔已移寓新居，则黄金堂老宅，尔为一家之主矣。昔吾祖星冈公最讲求治家之法：第一起早，第二打扫洁净，第三诚修祭祀，第四善待亲族邻里。凡亲族邻里来家，无不恭敬款接[①]，有急必周济之，有讼必排解[②]之，有喜必庆贺之，有疾必问，有丧必吊。此四事之外，于读书种菜等事，尤为刻刻留心，故余近写家信，常常提及书蔬鱼猪四端者，盖祖父相传之家法也。尔现读书无暇，此八事纵不能一一亲自经理，而不可不识得此意，请朱运四先生细心经理，八者缺一不可。其诚修祭祀一端，则必须尔母随时留心。凡器皿第一等好者，留作祭祀之用；饮食第一等好者，亦备祭祀之需。凡人家不讲究祭祀，纵然兴旺，亦不久长。至要至要。

尔所论看《文选》之法，不为无见。吾观汉魏文人，有二端最不可及，一曰训诂[③]精确，二曰声调铿锵。《说文》训诂之学，自中唐[④]以后，人多不讲；宋以后说经，尤不明故训；及至我朝巨儒，始通小学。段懋堂、王怀祖两家，遂精研乎古人文字声音之本，乃知《文选》中古赋所用之字，无不典雅精当。尔若能熟读段、王两家之书，则知眼前常见之字，凡唐宋文人误用者，惟《六经》不误，《文选》中汉赋亦不误也。即以尔禀中所论《三都赋》[⑤]言之，如“蔚若相如，皭若君平”，以一“蔚”[⑥]字该括相如之文章，以一

“皭”[7]字该括君平之道德，此虽不尽关乎训诂，亦足见其下字之不苟矣。至声调之铿锵，如“开高轩以临山，列绮窗而瞰[8]江”，“碧出苌宏[9]之血，鸟生杜宇[10]之魂”，“洗兵海岛，刷马江洲”，“数军实[11]乎桂林之苑，飨戎旅乎落星之楼”等句，音响节奏[12]，皆后世所不能及。尔看《文选》，能从此二者用心，则渐有入理处矣。

作梅先生想已到家，尔宜恭敬款接。沅叔既已来营，则无人陪往益阳，闻胡宅专人至吾乡迎接，即请作梅独去可也。尔舅父牧云先生身体不甚耐劳，即请其无庸来营。吾此次无信，尔先致吾意，下次再行寄信，此嘱。

注释

❶款接：款待招接也。

❷排解：排难解纷也。

❸训诂：犹言注解。《尔雅》有《释训》《释诂》两篇，故谓此类之书曰训诂书。

❹中唐：在唐宪宗时。

❺《三都赋》：《文选》中之一篇，晋左思撰。

❻蔚：文深密貌。

❼皭：洁白也。

❽瞰：视也。

❾苌宏：周灵王时人，能招致神异，时异方贡玉人石镜，苌宏言于王，谓为圣德所招。周人以苌宏幸媚而杀之，流血成石，或言成碧，不见其尸。

❿杜宇：鸟名。

⓫军实：谓军徒器械也。

⓬节奏：谓乐调之缓急抑扬也。

作文贵珠圆玉润（咸丰十年四月二十四日）

字谕纪泽儿：

十六日接尔初二日禀，并赋二篇，近日大有长进，慰甚。

无论古今何等文人，其下笔造句，总以珠圆玉润为主。无论古今何等书家，其落笔结体，亦以珠圆玉润四字为主。故吾前示尔书，专以一“重”字救尔之短，一“圆”字望尔之成也。世人论文家之语，圆而藻丽[①]者，莫如徐、陵[②]。庾，信[③]。而不知江、淹[④]。鲍照[⑤]。则更圆，进之沈、约[⑥]。任昉。则亦圆，进之潘、岳[⑦]。陆机[⑧]。则亦圆，又进而溯之东汉之班、固[⑨]。张、衡[⑩]。崔、骃[⑪]。蔡邕[⑫]。则亦圆，又进而溯之西汉之贾、谊[⑬]。晁、错[⑭]。匡、衡[⑮]。刘向[⑯]。则亦圆。至于马迁[⑰]、相如、子云三人，可谓力趋险奥，不求圆适矣，而细读之，亦未始不圆。至于昌黎[⑱]，其志意直欲陵驾[⑲]子长、卿、云三人，戛戛[⑳]独造，力避圆熟矣，而久读之，实无一字不圆，无一句不圆。尔于古人之文，若能从江、鲍、徐、庾四人之圆，步步上溯，直窥卿、云、马、韩四人之圆，则无不可读之古文矣，即无不可通之经史矣，尔其勉之！余于古人之文，用功甚深，惜未能一一达之腕下，每歉然不怡耳。

江浙贼势大乱，江西不久亦当震动，两湖亦难安枕。余寸心坦坦荡荡[㉑]，毫无疑怖[㉒]，尔禀告尔母，尽可放心。人谁不死，只求临终心无愧悔耳。家中暂不必添起杂屋，总以安静不动为妙。（本文有删节）

注释

❶藻丽：文雅也。

❷徐陵：梁郯人，字孝穆。

❸庾信：字子山。

❹江淹：字文通。

❺鲍照：字明远。

❻沈约：字休文。

❼潘岳：晋荥阳人，字安仁。

❽陆机：西晋吴郡人，字士衡。

❾班固：汉扶风人，字孟坚。

❿张衡：汉南阳西鄂人，字平子。

⓫崔骃：汉安平人，字亭伯。

⓬蔡邕：汉陈留人，字伯喈。

⓭贾谊：汉洛阳人。

⓮晁错：汉颍川人。

⓯匡衡：汉东海人，字稚圭。

⓰刘向：汉丰邑人，字子政，本名更生。

⓱马迁：汉司马迁。

⓲昌黎：即韩愈，因自称“郡望昌黎”，故世称“韩昌黎”。

⓳陵驾：谓出其上也。

⓴戛戛：介然独立之貌。

㉑坦坦荡荡：谓心中平坦无私也。

㉒疑怖：疑惑恐惧也。

言语举止要稳重（咸丰十年十一月初四日）

字谕纪泽、纪鸿儿：

十月二十九日接尔母及澄叔信，又棉鞋瓜子二包，得知家中各宅平安。泽儿在汉口阻风六日，此时当已抵家。

举止要重，发言要讱[①]，尔终身须牢记此二语，无一刻可忽也。

余日内平安，鲍、张二军亦平安。左军二十二日在贵溪获胜一次，二十九日在德兴小胜一次，然“贼”数甚众，尚属可虑。普军在建德，“贼”以大股往扑，只要左、普二军站得住，则处处皆稳矣。

泽儿字天分甚高，但少刚劲[②]之气，须用一番苦工夫，切莫把天分自弃了。家中大小，总以起早为第一义。澄叔处此次未写信，尔等禀之。

注释

❶讱：言语谨慎。

❷刚劲：犹言刚强也。

散步为养生秘诀（咸丰十年十二月二十四日）

字谕纪泽儿：

曾名琮来，接尔十一月二十五日禀，知十五、十七尚有两禀未到。

尔体甚弱，咳[①]吐咸痰，吾尤以为虑，然总不宜服药。药能活人，亦能害人。良医则活人者十之七，害人者十之三；庸医[②]则害人者十之七，活人者十之三。余在乡在外，凡目所见者，皆庸医也。余深恐其害人，故近三年来，决计不服医生所开之方药，亦不令尔服乡医所开之方药。见理极明，故言之极切，尔其敬听而遵行之。每日饭后走数千步，是养生家第一秘诀。尔每餐[③]食毕，可至唐家铺一行，或至澄叔家一行，归来大约可三千余步。三个月后，必有大效矣。

尔看完《后汉书》，须将《通鉴》看一遍。即将京中带回之《通鉴》，仿照余法，用笔点过可也。尔走路近略重否？说话略钝否？千万留心。此谕。

涤生手示

注释

❶咳：嗽也。

❷庸医：技术平庸之医也。

❸餐：顿也，一顿饭曰一餐。

宜努力看读写作（咸丰十一年七月二十四日）

字谕纪泽：

前接来禀，知尔抄《说文》，阅《通鉴》，均尚有恒，能耐久坐，至以为慰。去年在营，余教以“看”“读”“写”“作”四者，阙一不可。尔今阅《通鉴》，算看字工夫；抄《说文》，算读字工夫。尚能临帖否？或临《书谱》，或用油纸摹欧、柳楷书，以药[①]尔柔弱之体，此写字工夫，必不可少者也。尔去年曾将《文选》中零字碎锦[②]，分类纂抄[③]，以为属文之材料，今尚照常摘抄否？已卒业否？或分类抄《文选》之词藻，或分类抄《说文》之训诂，尔生平作文太少，即以此代作字工夫，亦不可少者也。尔十余岁至二十岁虚度光阴，及今将“看”“读”“写”“作”四字逐日无间，尚可有成。

尔语言太快，举止太轻，近能力行“迟”“重”二字，以改救否？

此间军事平安，“援贼”于十九、二十一日扑安庆后濠[④]，均经击退。二十二日自巳刻起至五更止，猛扑十一次，亦竭力击退。从此当可化险为夷[⑤]，安庆可望克复[⑥]矣。

余癣疾未愈，每日夜手不停爬[⑦]，幸无他病。皖南有左、张，江西有鲍，均可放心。目下惟安庆较险，然过二十二之风波，当无虑也。

注释

❶药：纠正，治疗。

❷碎锦：零碎之佳句也。

❸纂抄：纂集而抄录也。

❹濠：护城河。

❺夷：安也。

❻克复：从敌人手中夺回。

❼爬：指挠、搔痒。

惟崇俭可以长久（咸丰十一年八月二十四日）

字谕纪泽：

八月二十日胡必达、谢荣凤到，接尔母子及澄叔三信，并《汉魏百三家》《圣教序》三帖。二十二日谭在荣到，又接尔及澄叔二信，具悉一切。

蔡迎五竟死于京口江中，可异可悯，兹将其口粮三两补去，外以银二十两赈恤其家。朱运四先生之母仙游[①]，兹寄去奠仪[②]银八两。蕙姑娘之女一贞，于今冬发嫁，兹付去奁仪[③]十两。家中可分别妥送。

大女儿择于十二月初三日发嫁，袁家已送期来否？余向定妆奁之资二百金，兹先寄百金回家，制备衣物，余百金俟下次再寄。其自家至袁家途费，暨六十侄女出嫁奁仪，均俟下次再寄也。

居家之道，惟崇俭可以长久，处乱世尤以戒奢侈为要义。衣服不宜多制，尤不宜大镶大缘[④]，过于绚烂[⑤]。尔教导诸妹，敬听父训，自有可久之理。

牧云舅氏书院一席，余已函托寄云中丞，沅叔告假回长沙，当面再一提及，当无不成。

余身体平安。二十一日成服哭灵，现在三日已毕。疮尚未好，每夜搔痒不止，幸不甚为害。满叔近患疟疾[⑥]，二十二日全愈矣。

此次未写澄叔信，尔将此呈阅。

注释

❶仙游：称人死亡的婉辞。

❷奠仪：送给办丧事人家的礼品。

❸奁仪：送嫁之礼也。

❹缘：给衣服镶边或绲边。

❺绚烂：光彩炫耀，使人望之而迷离者也。

❻疟疾：寒热往来之病。

宜用心词章之学（同治元年五月十四日）

字谕纪泽儿：

接尔四月十九日一禀，得知五宅平安。

尔《说文》将看毕，拟先看各经注疏，再从事于词章之学。余观汉人词章，未有不精于小学训诂者，如相如、子云、孟坚[①]，于小学皆专著一书，《文选》于此三人之文著录最多。余于古文，志在效法此三人，并司马迁、韩愈五家，以此五家之文，精于小学训诂，不妄下一字也。

尔于小学，既粗有所见，正好从词章上用功。《说文》看毕之后，可将《文选》细读一过。一面细读，一面抄记，一面作文，以仿效之。凡奇僻[②]之字，雅故[③]之训，不手抄则不能记，不摹仿则不惯用。自宋以后，能文章者不通小学；国朝诸儒，通小学者又不能文章。余早岁窥此门径，因人事太繁，又久历戎行[④]，不克卒业[⑤]，至今用为疚憾。尔之天分，长于看书，短于作文。此道太短，则于古书之用意行气，必不能看得谛当[⑥]。目下宜从短处下工夫，专肆力于《文选》，手抄及摹仿二者，皆不可少。待文笔稍有长进，则以后诂经读史，事事易于着手矣。

此间军事平顺。沅、季两叔皆直逼金陵城下。兹将沅信二件，寄家一阅。惟沅、季两军进兵太锐，后路芜湖等处空虚，颇为可虑。余现筹兵补此瑕隙，不知果无疏失否？

余身体平安。惟公事日繁，应复之信，积阁甚多，余件尚能料理，家中可以放心。此信送澄叔一阅。余思家乡茶叶甚切，迅速付来为要。

涤生手示

注释

❶相如、子云、孟坚：分别指司马相如、扬雄和班固。

❷奇僻：奇异偏僻也。

❸雅故：雅正的训释。

❹戎行：谓军队也。

❺不克：不能。卒业：完成学业。

❻谛当：真确精当也。

行气为文章要义（同治元年八月初四日）

字谕纪泽儿：

接尔七月十一日禀并澄叔信，具悉一切。鸿儿十三日自省起程，想早到家？

此间诸事平安，沅、季二叔在金陵亦好，惟疾疫颇多。前建清醮[①]，后又陈龙灯狮子诸戏，仿古大傩[②]之礼，不知少愈否？鲍公在宁国招降童容海一股，收用者三千人，余五万人悉行遣散，每人给钱一千。鲍公办妥此事，即由高淳东坝会剿金陵。希帅[③]由六安回省，初三已到，久病之后，加以忧戚，气象黑瘦，咳嗽不止，殊为可虑。本日接奉谕旨，不准请假回籍，赏银八百，饬地方官照料。圣恩高厚，无以复加，而希帅思归极切，观其病象，亦非回籍静养，断难痊愈。渠日内拟自行具折陈情也。

尔所作《拟庄》三首，能识名理，兼通训诂，慰甚慰甚。余近年颇识古人文章门径，而在军鲜暇[④]，未尝偶作，一吐胸中之奇。尔若能解《汉书》之训诂，参以《庄子》之诙诡[⑤]，则余愿偿矣。至行气为文章第一义，卿、云[⑥]之跌宕，昌黎之倔强，尤为行气不易之法，尔宜先于韩公倔强处揣摩一番。京中带回之书，有《谢秋水集》，名文洊，国初南丰人。可交来人带营一看。澄叔处未另作书，将此呈阅。

涤生手示

注释

❶清醮：道士设坛祈祷也。

❷傩：驱疫也。

❸希帅：湘军名将李续宜号“希庵”，故也称为“希帅”。

❹鲜暇：没有时间。

❺诙诡：诙谐诡异也。

❻卿、云：司马相如，字长卿；扬雄：字子云。此处指他们二人。

言孝以保身为重（同治二年二月二十四日）

字谕纪泽儿：

二月二十一日在运漕行次，接尔正月二十二日、二月初三日两禀，并澄叔两信，具悉家中五宅平安。

大姑母及季叔葬事，此时均当完毕。

尔在团山嘴桥上，跌而不伤，极幸极幸。闻尔母与澄叔之意，欲修石桥，尔写禀来，由营付归可也。《礼》云："道而不径，舟而不游[①]。"古之言孝者，专以保身为重。乡间路窄[②]桥孤，嗣后吾家子侄凡遇过桥，无论轿马，均须下而步行。

吾本意欲尔来营见面，因远道风波之险，不复望尔前来，且待九月霜降水落，风涛[③]性定，再行寄谕定夺。目下尔在家饱看群书，兼持门户[④]。处乱世而得宽闲之岁月，千难万难，尔切莫错过此等好光阴也。

余以十六日自金陵开船而上，沿途阅看金柱关、东西梁山、裕溪口、运漕、无为州等处，军心均属稳固，布置亦尚妥当。惟兵力处处单薄，不知足以御"贼"否？余再至青阳一行，月杪[⑤]即可还省。南岸近亦吃紧，"广匪"南股窜扑徽州，古、赖等股窜扰青阳。其志皆在直犯江西，以营[⑥]一饱，殊为可虑[⑦]。

澄叔不愿受沅之贻封。余当寄信至京，停止此举，以成澄志。

尔读书有恒，余欢慰之至。第所阅日博，亦须札记一二条，以自考证。脚步近稍稳重否？常常留心。此嘱。

涤生手示泥汊舟次。

澄叔此次未另写信，将此禀告。

注释

❶道而不径，舟而不游：走大路不走小路，坐船而不下水。指避免风险，注意安全。

❷窄：狭也。

❸涛：浪也。

❹持门户：主持家政。

❺杪：miǎo，末尾、末端。

❻营：谋求。

❼殊为可虑：要特别当心。

学文须手抄熟读（同治二年三月初四日）

字谕纪泽儿：

接尔二月十三日禀，并《闻人赋》一首，具悉家中各宅平安。

尔于小学训诂，颇识古人源流，而文章又窥见汉魏六朝之门径，欣慰无已。余尝怪国朝大儒，如戴东原、钱辛楣、段懋堂、王怀祖诸老，其小学训诂，实能超越近古，直逼汉唐，而文章不能追寻古人深处，达于本而阂[①]于末，知其一而昧[②]其二，颇觉不解。私窃有志，欲以戴、钱、段、王之训诂，发为班、张、左、郭之文章。晋人左思、郭璞小学最深，文章亦逼两汉，潘、陆不及也。久事戎行，斯愿莫遂。若尔曹能成我未竟之志，则至乐莫大乎是。即日当批改付归。

尔既得此津筏[③]，以后更当专心壹志，以精确之训诂，作古茂之文章。由班、张、左、郭上而扬、马，而《庄》《骚》，而"六经"，靡不息息[④]相通，下而潘、陆，而任、沈，而江、鲍、徐、庾，则词愈杂，气愈薄，而训诂之道衰矣。至韩昌黎出，乃由班、张、扬、马而上跻[⑤]"六经"，其训诂亦甚精当。尔试观《南海神庙碑》《送郑尚书序》诸篇，则知韩文实与汉赋相近。又观《祭张署文》《平淮西碑》诸篇，则知韩文实与《诗经》相近。近世学韩文者，皆不知其与扬、马、班、张一鼻孔出气。尔能参透此中消息[⑥]，则几矣。

尔阅看书籍颇多，然成诵者太少，亦是一短。嗣后宜将《文选》最惬意者熟读，以能背诵为断，如《两都赋》《西征赋》《芜城赋》及《九辩》《解嘲》之类，皆宜熟读。《选》后之文，如《与杨遵彦书》《哀江南赋》亦宜熟读。又经世之文如马贵与《文献通考》序二十四首，天文如丹元子之《步天歌》，地理如顾祖禹之《州域形势叙》。以上所选文七篇三种，尔与纪鸿儿皆当手抄熟读，互相背诵，将来父子相见，余亦课⑦尔等背诵也。

尔拟以四月来皖，余亦甚望尔来，教尔以文。惟长江风波，颇不放心，又恐往返途中，抛荒学业，尔禀请尔母及澄叔酌示。如四月起程，则只带袁婿及金二甥同来；如八九月起程，则奉母及弟妹妻女合家同来，到皖住数月，孰归孰留，再行商酌。

目下“皖北贼”犯湖北，“皖南贼”犯江西，今年上半年不安静，下半年或当稍胜。尔若于四月来谒，舟中宜十分稳慎；如八月来，则余派大船至湘潭迎接可也。(本文有删节)

注释

❶阂：阻隔。

❷昧：不明白。

❸津筏：迷津之宝筏也。

❹息息：言气息出入相续也。

❺跻：登也。

❻消息：道理、真义。

❼课：考核。

须得老成者同伴（同治二年五月十八日）

字谕纪鸿儿：

接尔禀件，知家中五宅平安，子侄读书有恒，为慰。

尔问今年应否往过科考。尔既作秀才，凡岁考科考，均应前往入场，此朝廷之功令[1]，士子之职业也。惟尔年纪太轻，余不放心，若邓师能晋省送考，则尔凡事有所禀承，甚好甚好。若邓师不赴省，则尔或与易芝生先生同住，或随罗山、镜和、子祥诸先生同伴，总须得一老成者照应一切，乃为稳妥。

尔近日常作试帖诗[2]否？场中细检一番，无错平仄，无错抬头也。此次未写信与澄叔，尔为禀告。

涤生手示

注释

❶功令：谓学者功课，著之于令也。

❷试帖诗：唐以来，科举之诗大抵以古人诗句命题，冠以赋得二字，谓之试帖诗。其诗或五言七言，八韵六韵，皆以刻画为工。

兄弟宜相劝勉（同治二年十二月十四日）

字寄纪瑞[①]侄左右：

前接吾侄来信，字迹端秀，知近日大有长进。纪鸿奉母来此，询及一切，知侄身体业已长成，孝友谨慎，至以为慰。

吾家累世以来，孝弟勤俭。辅臣公以上，吾不及见；竟希公、星冈公皆未明即起，竟日无片刻暇逸。竟希公少时，在陈氏宗祠读书，正月上学，辅臣公给钱一百，为零用之需。五月归时，仅用去二文，尚余九十八文，还其父。其俭如此。星冈公当孙入翰林之后，犹亲自种菜收粪。吾父竹亭公之勤俭，则尔等所及见也。今家中境地虽渐宽裕，侄与诸昆弟[②]切不可忘却先世之艰难，有福不可享尽，有势不可使尽。勤字工夫，第一贵早起，第二贵有恒；俭字工夫，第一莫着华丽衣服，第二莫多用仆婢雇工。凡将相无种[③]，圣贤豪杰亦无种，只要人肯立志，都可以做得到的。侄等处最顺之境，当最富之年，明年又从最贤之师，但须立定志向，何事不可成？何人不可作？愿吾侄早勉之也。

荫生[④]尚算正途功名，可以考御史[⑤]。待侄十八九岁，即与纪泽同进京应考。然侄此际专心读书，宜以八股试帖为要，不可专恃荫生为基，总以乡试、会试能到榜前，益为门户之光。

纪官闻甚聪慧，侄亦以“立志”二字，兄弟互相劝勉，则日进无疆矣。顺问近好。

涤生手示

注释

❶纪瑞：曾国荃之长子，字伯祥，号符卿。一品荫生，曾任兵部员外郎，钦加三品衔。

❷昆弟：同辈的兄弟。

❸无种：不是天生的。

❹荫生：旧制，因先世之勋劳而得出身者，谓之荫生。

❺御史：官名。

择交是第一要事（同治三年七月二十四日）

字谕纪鸿：

自尔还湘启行后，久未接尔来禀，殊不放心。今年天气奇热，尔在途次[1]平安否？

余在金陵与沅叔相聚二十五日，二十日登舟还皖，体中尚适。余与沅叔蒙恩晋封侯伯，门户太盛，深为袛惧[2]。尔在省以“谦”“敬”二字为主，事事请问意臣、芝生两姻叔，断不可送条子，致腾物议[3]。十六日出闱，十七八拜客，十九日即可回家。九月初在家听榜信后，再起程来署可也。择交是第一要事，须择志趣[4]远大者。此嘱。旧县舟次。

注释

❶途次：旅途中。

❷袛惧：敬惧。

❸物议：谓众人所讥议也。

❹志趣：犹言志向。

养生必须少恼怒（同治四年九月初一日）

字谕纪泽儿：

三十日成鸿纲到，接尔八月十六日禀。具悉尔十一后连日患病，十六尚神倦头眩，不知近已全愈否？

吾于凡事皆守“尽其在我，听其在天”二语，即养生之道亦然。体强者，如富人因戒奢而益富；体弱者，如贫人因节啬[①]而自全。节啬，非独食色之性也，即读书用心，亦宜俭约，不使太过。

余“八本匾”[②]中，言养生以少恼怒为本；又尝教尔胸中不宜太苦，须活泼泼地养得一段生机，亦去恼怒之道也。既戒恼怒，又知节啬，养生之道，已“尽其在我”者矣。

此外，寿之长短，病之有无，一概“听其在天”，不必多生妄想，去计较他。凡多服药饵[③]，求祷神祇[④]，皆妄想也。吾于医药、祷祀等事，皆记星冈公之遗训，而稍加推阐[⑤]，教示后辈，尔可常常与家中内外言之。

尔今冬若回湘，不必来徐省问[⑥]，徐去金陵太远也。朱金权于初十内外回金陵，欲伴尔回湘。

近日“贼”犯山东，余之调度，概咨少泉宫保处。澄、沅两叔信，附去查阅，不须寄来矣。此嘱。

注释

❶节啬：节省、节俭。

❷八本匾：曾国藩将其家训要义总结为“八本”，并在其老家富厚堂高悬“八本堂”横匾。“八本”者，即：读古书以训诂为本、作诗文以声调为本、事亲以得欢心为本、养生以少恼怒为本、立身以不妄语为本、居家以不晏起为本、居官以不要钱为本、行军以不扰民为本。

❸药饵：药物。

❹神祇：在上曰天神，在下曰地祇。

❺推阐：推详阐发也。

❻省问：探望、问候。

宜从古文上用功（同治五年六月十六日）

字谕纪泽、纪鸿儿：

沅叔足疼全愈，深可喜慰，惟外毒遽瘳[①]，不知不生内疾否？

唐文李、孙二家，系指李翱、孙樵。“八家”始于唐荆川[②]之文编，至茅鹿门[③]而其名大定。至储欣同人而添孙、李二家，《御选唐宋文醇》亦从储而增为十家。以全唐皆尚骈俪[④]之文，故韩、柳、李、孙四人之不骈者为可贵耳。

湘乡修县志，举尔纂修[⑤]，尔学未成就，文甚迟钝，自不宜承认[⑥]，然亦不可全辞。一则通县[⑦]公事，吾家为物望所归，不得不竭力赞助；二则尔惮于作文，正可借此逼出几篇。天下事无所为而成者极少，有所贪、有所利而成者居其半，有所激、有所逼而成者居其半。尔《篆韵》抄毕，宜从古文上用功。余不能文而微有文名，深以为耻；尔文更浅，而亦获虚名，尤不可也。吾友有山阳鲁一同通父，所撰《邳州志》《清河县志》，即为近日志书之最善者。此外再取有名之志为式，议定体例，俟余核[⑧]过，乃可动手。（本文有删节）

注释

❶瘳：chōu，愈也。

❷唐荆川：明代著名思想家、军事家，名顺之，字应德，为明代重要文学流

派唐宋派代表人物。

❸茅鹿门：即茅坤。明代浙江归安人，嘉靖十七年进士，为唐宋派重要代表。

❹骈俪：文体之一种。

❺纂修：纂辑编修也。

❻承认：承担认领。

❼通县：全县。

❽核：综核也，查考之意。